Dr. Roman Leuthner

Nackt duschen streng verboten

Die verrücktesten Gesetze der Welt

Bassermann

MIX
Papier aus ver-
antwortungsvollen
Quellen
FSC® C014496

Verlagsgruppe Random House FSC-DEU-0100
Das für dieses Buch verwendete FSC®-zertifizierte
Papier *München Super Extra*
liefert Arctic Paper Mochenwangen GmbH.

ISBN 978-3-8094-2184-9

Illustrationen, Konzeption, Layout, Umsetzung: Medienagentur
Drews, Augsburg
Redaktion: Alexandra Steiner, München
Umschlaggestaltung: Atelier Versen, Bad Aibling
Projektkoordination: Birte Schrader
Herstellung: Sonja Storz
Satz: Medienagentur Drews, Augsburg
Druck: GGP Media GmbH, Pößneck

Printed in Germany
161 514

Inhalt

Einführung

Wussten Sie, dass sich in Hawaii niemand Münzen in die Ohren stecken darf? Haben Sie davon gehört, dass es in Chicago, im US-amerikanischen Bundesstaat Illinois, strengstens verboten ist, einem Hund Whisky zu trinken zu geben, und dass es in Washington D.C. keinesfalls erlaubt ist, Hasen von Januar bis April zu fotografieren? – Klar, sagen Sie und schmunzeln: Das sind ja auch Gesetze aus Bush-County. Wer will sich nach der Lektüre von Michael Moores aufklärerischen und höchst amüsanten Analysen über die Befindlichkeiten zwischen New York und San Francisco ernsthaft darüber wundern?

Doch Vorsicht! Auch in Good ol' Europe lassen es die Juristen krachen! So ist hierzulande nach wie vor eine Majestätsbeleidigung strafbar und kann nach § 90 des Strafgesetzbuches mit einer Freiheitsstrafe von drei Monaten bis zu fünf Jahren geahndet werden. Hüten Sie sich also, Kaiser Franz und König Otto despektierlich zu begegnen! Das darf nur die Boulevardzeitung mit den vier berühmten Buchstaben. Gefährlich werden können auch die merkwürdigen Phantasien britischer Juristen: So werden im Vereinigten Königreich Eltern von garstigen Kindern belangt, die neugierigerweise unter die Bekleidung von Schaufensterpuppen lugen. Well, einleuchtender ist es da schon, dass es in Schottland dem Besitzer einer Kuh verboten ist, betrunken in einer Kneipe angetroffen zu werden, und dass es in Dänemark vorgeschrieben ist, Pferdekutschen vor herannahenden Automobilen zu warnen.

„Wenn es nicht notwendig ist, ein Gesetz zu machen, dann ist es notwendig, kein Gesetz zu machen."

Mit diesem klugen Satz des französischen Schriftstellers und Staatstheoretikers Charles-Louis de Secondat, Baron de La Brède et de Montesquieu (1689 – 1755) aus dem Jahr 1748 sollten einst – und auch heute – die Parlamentarier wachgerüttelt werden. Da ist doch etwas Wahres dran, oder?

Wo Sie sich auch aufhalten, in der Neuen oder in der Alten Welt: Überall warten die ungeahnten Fallstricke der Herren in schwarzen Roben und weißen Perücken auf leichtsinnige Bürger, die zur falschen (Uhr-)Zeit und am falschen Ort Häschen fotografieren oder sich gemeinsam mit einer Kuh in ihrer Lieblingskneipe so richtig einen genehmigen wollen.

Sie glauben es nicht, aber Amerikas und Europas Gesetzbücher sind voller verrückter Verbote und Vorschriften, die zum Teil aus vergangenen Jahrhunderten stammen und schlichtweg nicht aktualisiert wurden. Oder sollte es etwa so sein, dass die Zunft der Juristen keineswegs so trocken und bieder ist wie der Ruf, der ihr vorauseilt? Könnte es sein, dass die Autoren unserer sittlichen und rechtlichen Lebensgrundlagen eigentlich richtige Spaßvögel sind – mit einem atemberaubend komischen Humor, der sich uns erst richtig erschließt, wenn wir eingebuchtet werden und hinter „Schwedischen Gardinen" schmoren?

Allerdings gibt es auch einige Gesetze sowohl in der Neuen als auch in der Alten Welt, bei deren Lektüre einem das Lachen auch ganz schnell mal im Halse stecken bleiben kann. Vor allem US-amerikanische Gesetze, die das Schlagen von Ehefrauen zu bestimmten Zeiten erlauben, die Erschießung von amerikanischen Ureinwohnern unter bestimmten Bedingungen gestatten oder sich über allgemein gültige Tierschutzgesetze hinwegsetzen. Manchmal sind diese gesetzlichen Regelungen schon recht bitter. Allerdings bedeuten die Niederschriften im Gesetzbuch nicht immer zwingend, dass diese Fälle heute noch so gehandhabt werden, auch wenn es dort steht. Man kann also noch hoffen ...

Bilden Sie sich Ihr eigenes Urteil! Sie haben mit diesem Buch ein kostbares Schatzkästchen der guten Laune erworben. Unser Tipp: Gönnen Sie sich ein Weekend in New York und setzen Sie sich im Central Park gemütlich auf eine Bank, um die Lektüre zu genießen. Schauen Sie dabei aber nur in Ihr Büchlein und nicht etwa dem anderen Geschlecht hinterher. Denn dann können Sie dazu verdonnert werden, für alle Zeiten Scheuklappen für Pferde tragen zu müssen. Außerdem ist eine Geldstrafe von 25 US-Dollar fällig!

Wie Gesetze in der Neuen Welt entstehen und welchen tieferen Sinn sie haben

Europäer tun sich schwer, die häufig bizarren und skurrilen Gesetze und Vorschriften im US-amerikanischen Rechtssystem zu verstehen. In Europa, in der Alten Welt, werden Gesetze für gewöhnlich erlassen, wenn zahlreiche Streitfälle zur Überzeugung des Gesetzgebers führen, dass sie Relevanz für die ganze Gesellschaft und für das nationale Rechtsempfinden haben.

In der so genannten Neuen Welt hingegen, also auf den übrigen vier Kontinenten Amerika, Afrika, Asien und Australien, die nur „neu" heißen, weil sie von den europäischen Weltenbummlern spät entdeckt wurden, verhält es sich häufig anders. Besonders Amerika lässt uns staunen! So ist es kaum nachzuvollziehen, dass in Florida ein Staatsgesetz Männern verbietet, Sex mit Stachelschweinen zu haben, und dass in Alabama niemand Pferde mit einem aufgespannten Regenschirm erschrecken darf. Ebenso merkwürdig erscheint uns die Verordnung mit Gesetzeskraft in Florida, die das Pfeifen unter Wasser verbietet oder ein Gesetz der Stadt New York, die Frauen das Tragen von Stöckelschuhen untersagt.

„Haben die denn nichts Besseres zu tun?" oder „Was geht hier denn ab?" möchten wir fragen und schütteln den Kopf. „Yes, Sir!" Wenn es um die Phantasie der Gesetzgeber geht, dann ist Amerika wirklich das Land der unbegrenzten Möglichkeiten und: „No, Ma'am!" – da bleibt kein Auge trocken! Was aber ist denn wirklich der Grund für derartig bizarre Gesetze einer riesigen Nation, die immerhin die erfolgreichsten und technologisch komplexesten Raumfahrtmissionen in den Orbit schickt und das politisch mächtigste und wirtschaftlich stärkste Land der Erde bevölkert?

Es gibt mehrere Gründe: Zum einen stammen viele Gesetze aus dem 19. Jahrhundert, aus einer Zeit also, als der vordem Wilde Westen erobert wurde

und die Vorfahren von Bush und Cheney nicht Ira-
ker, sondern Indianer und Büffelherden dezimierten.
Da ritten die Männer noch auf Pferden und trugen
den Colt an der Hüfte, und da die US-amerikanischen Gesetzbücher nur höchst selten von ollen
Kamellen entrümpelt werden, existieren eben auch
heute noch Verordnungen, die sich auf den Mann als
Cowboy und Revolverhelden beziehen. Zum anderen, und dieser Grund hat ebenso große Bedeutung,
genießt jeder der 50 Bundesstaaten der USA eine
relativ große gesetzgeberische Freiheit und darf die
überwiegende Mehrzahl aller im jeweiligen Staat gül-
tigen Gesetze selbst erlassen und deren Einhaltung
überwachen. Viel Gestaltungsspielraum in der
Gesetzgebung kommt selbst den Countys eines
Staats, also seinen Bezirken, und den Kommunen zu.
Kein Wunder: Das riesige Nordamerika wurde von
tatkräftigen und selbstbewussten Pionieren erobert,
die eine Stadt gründeten und deren Familien diese
zum Teil über viele Generationen beherrschten.
Und da die Zentralregierung in Washington oftmals
sehr weit entfernt war und man sich vom „Staat"
ohnehin nicht gerne dreinreden ließ, schnitzten sich
die Pioniere ihre Rechtsordnungen eben selbst.
Darüber hinaus orientieren sich die Gerichte oft am
vermeintlich gesunden Menschenverstand, da die
Geschworenen eine zentrale Rolle in der US-amerikanischen Rechtssprechung spielen. Geschworene
sind keine professionellen Juristen, die gewohnt sind,
Streitfälle mit rechtstheoretischen Argumenten
zu beleuchten. Im Gegenteil: Lieschen (Lizz) Müller
und Karl (Charly) Mustermann sprechen ihren
Schuldspruch oft auf der Grundlage ihres so genannten „gesunden Menschenverstands", der halt auch
nicht immer alles im ausreichenden Maß begreift.
Besonders problematisch dabei ist aber, dass aus
einer einmal getroffenen Entscheidung eines
Gerichts nicht selten sofort ein Präzedenzfall mit

Gesetzescharakter entsteht. Das heißt: Lizz und Charly schreiben Geschichte, zumindest Rechtsgeschichte. Lustig, was jenseits des Großen Teiches alles möglich ist.

Der nächste Grund jedoch scheint beinahe der wichtigste zu sein. Wie heißt es so schön? „Money makes the World go round." Richtig! Sie wissen von den manchmal schier unvorstellbaren Summen, die von Rechtsanwälten zwischen New York und San Francisco zur Regulierung von Schadensfällen erstritten werden. Denken Sie nur an die Dame in Ohio, die sich mit einem Kaffeegetränk einer Fast-Food-Kette das Gesicht verbrühte und 2,9 Millionen US-Dollar Schadensersatz erhielt. Da lacht das Sparschwein! Oder denken Sie an einen Rentner, dem im Lebensmittelmarkt einer Mall eine Dose Senf auf den Fuß fiel: 950 000 US-Dollar! Gewusst wie: Advokaten in den USA haben die Lizenz zum Gelddrucken erfunden – sie raten ihren Klienten, die zu ungeschickt oder zu dumm zum Kaffeetrinken sind oder denen eine Konservendose aus den Händen rutscht, zur Klage.

Denn vor nichts fürchten sich Unternehmen und Konzerne in den Staaten mehr als vor einer schlechten Presse, die ihren wie einen Augapfel gehüteten Namen in Zusammenhang mit Unglücksfällen bringt. Klar, hierzulande würde man das Erpressung nennen, jenseits des Teiches jedoch winkt den Anwälten im Falle ihres Erfolgs mindestens ein Drittel der erstrittenen Summe. Und nichts wirkt doch motivierender als die Aussicht auf einen eigenen Learjet für die Kanzlei. Nachzulesen ist dies übrigens in den ziemlich realistischen Romanen von John Grisham, der, lange Jahre selbst Jurist, genau weiß, wovon er schreibt.

Wir müssen uns deshalb nicht mehr darüber wundern, dass es beispielsweise in Alabama gesetzlich streng verboten ist, mit verbundenen Augen mit dem Auto zu fahren. Was sagen Sie? Das weiß doch jedes Kind! Na ja, was aber ist, wenn so ein erwachsenes Kind auf den Gedanken kommt, nur so zum Spaß mit einer Augenbinde Auto zu fahren und einen schweren Verkehrsunfall verursacht? Dann nämlich ist ein findiger Winkeladvokat nicht weit, der seinen dummdreisten Mandanten mit dem Argument verteidigt, dieser habe ja nicht wissen können, dass er just dieses Automobil nicht mit Augenbinde fahren dürfe, da das in der Betriebsanleitung nicht explizit ausgeschlossen worden sei. Und, zack: Schon hat der Hersteller eine Klage über zwei Millionen US-Dollar am Hals, die sich, falls er aufmuckt, auch schnell zu einer Sammelklage mehrerer sehbehinderter Fahrer dieses Wagentyps auswachsen kann. Hierin liegt der tiefere Grund, warum der amerikanische Gesetzgeber Gesetze und Verordnungen erlässt, die uns mehr als komisch vorkommen: Es will seine Wirtschaft, die Unternehmen und Betriebe im Land, sowie sich und seine Staatskasse selbst vor den ungerechtfertigten Klagen der Aasgeier in schwarzen Roben schützen. Und schon sind

wir wieder in New York, wo Frauen das Tragen von Stöckelschuhen untersagt ist und in Florida, wo man unter Wasser nicht pfeifen darf. Alles klar? Die Stadtväter von New York wollten ausschließen, dass sie noch einmal erfolgreich von einer Lady zur Zahlung einer erklecklichen Summe herangezogen werden könnten, weil die sich die Füße in ihren abenteuerlich hohen Pumps verknackst hatte und dafür den angeblich schlechten Zustand der Straßen verantwortlich machte – und Floridas Oberster Gerichtshof wollte der Raffgier von Angehörigen künftig ertrunkener Badegäste Einhalt gebieten, die den Staat verklagen könnten, weil ihre Dahingeschiedenen angeblich nicht wissen konnten, dass es reichlich ungeschickt ist und ein mitunter fatales Ende nehmen kann, wenn man versucht, während eines Tauchgangs zu pfeifen. That's it! Jetzt wissen Sie's.

Aber da ist noch etwas. Etwas … na ja, sagen wir, etwas Delikates. Es dürfte Ihrer Aufmerksamkeit nämlich nicht entgehen, dass sich eine große Anzahl aller merkwürdigen Gesetze in den Vereinigten Staaten von Amerika mit durchaus schlüpfrigen Tatsachen befasst und überaus sexistisch daherkommt. Was, fragen Sie, ausgerechnet in den USA? Ausgerechnet die mit ihrer rigiden Sexualmoral und ihrem reaktionären Frauenbild? Ja, gerade dort, denn Sie wissen ja, wie das ist: Auf der einen Schulter sitzt das Engelchen, auf der anderen lauert das Teufelchen …

Keiner beschäftigt sich so intensiv mit dem Teufelchen wie der, der selbst ein kleines Teufelchen ist und keiner beschwört so sehr das Engelchen, der am allerwenigsten ein Engelchen ist. Richtig: Wir haben es nicht selten mit bigotten Predigern, religiösen Eiferern und Puritanern zu tun, die Gesetze wie dieses in Louisiana verfassen, das besagt, dass kein Feuerwehrmann eine Frau aus einem brennenden Gebäude retten darf, die nicht mindestens mit einem Morgenmantel bekleidet ist. Das wäre ja auch noch schöner! Könnte doch der brave Feuerwehrmann vor Scham erblinden vor der Schamlosen, die, im Schlaf vom Feuer überrascht, sich nicht einmal schnell und vor allem züchtig zu bekleiden weiß – wenn sie schon unbedingt gerettet werden will. Fragen Sie uns aber bitte nicht, um dieses Kapitel abzuschließen, wie das Gesetz entstanden ist, das Sex mit einem Stachelschwein verbietet. Wir wagen es nicht, ernsthaft über die Ursache (und den unglückseligen Verursacher) nachzudenken ... Gott schütze Amerika!

Doch nicht nur die menschliche Natur soll in den USA in das Korsett der Gesetze gezwängt werden, nein, auch die „unbeseelte" Natur da draußen. So darf der Arkansas River im Bundesstaat Arkansas laut Gesetz keinesfalls höher als bis zur niedrigsten Brücke ansteigen und im Sonnenstaat Kalifornien ist Schnee (nein, nicht Kokain, sondern wirklich das plüschig-gefrorene Wasser!) gesetzlich verboten.

Wir wünschen es den Gesetzgebern, dass sich die Naturgewalten vor dem Hintergrund der globalen Klimaerwärmung und der über viele Jahre verzögerten US-amerikanischen Unterschrift unter das Kyoto-Protokoll zur Verhinderung eben dieser Klimaerwärmung – ja, dass sich die Naturgewalten an die Paragrafen halten.

Warum Bleichgesichter in South Dakota Indianer nur aus einem Planwagen heraus erschießen dürfen

Die Erklärung dieses Gesetzes dürfte Ihnen jetzt nicht mehr schwerfallen. Oder?

Ganz klar: Es war ein gewisser James Paul Owen, Sohn eines englischen Einwanderers aus Birmingham, der zu Recht als Verursacher dieses Staatsgesetzes aus South Dakota bezeichnet werden kann. Dem Bericht nach war Owen um das Jahr 1880 herum ein schießwütiger und krimineller Rowdy, der nichts so gut beherrschte wie seinen großkalibrigen Colt und auf alles schoss, was nicht rechtzeitig das Weite suchte. So soll sich der Gunman auch eines Tages mit drei oder vier Spießgesellen einen Spaß daraus gemacht haben, eine Gruppe von Indianern außerhalb einer kleinen Ortschaft unter Feuer zu nehmen. Dabei war es ihm jedoch entgangen, dass er und seine Kumpane von weiteren Indianern, die ihren Gefährten zu Hilfe geeilt waren, umzingelt wurden. Owen und die anderen Bleichgesichter wurden erschossen, einzig der von der Plane gut gedeckte Heckenschütze auf einem Planwagen überlebte.

Noch Fragen?

Warum es in Connecticut Fußgängern verboten ist, im Handstand die Straße zu überqueren

Wir müssen einräumen, dass wir weder den Verursacher noch die tiefere Ursache dieses Gesetzes aus Connecticut kennen. Dennoch wagen wir die Formulierung von vier Hypothesen, von denen wir behaupten, dass zumindest eine mit nahezu hundertprozentiger Wahrscheinlichkeit zutrifft.

1. In einem Land, in dem Megastädte wie New York oder Dallas beinahe täglich von Dinosauriern, Riesengorillas, blutrünstigen Insektenschwärmen, haushohen Spinnen und autobahnlangen Anakondas heimgesucht werden, kann es durchaus auch Menschen geben, die es einfach witzig finden, Straßen notorisch im Handstand zu überqueren. Da das aber gefährlich werden könnte, wenn wieder einmal ein Überfall von Dinosauriern und anderen Bestien droht, muss es verboten werden.

2. In einem Land, in dem es ganz gewöhnlichen Leuten wie dir und mir von heute auf morgen einfallen kann, sich wie wild mit Big Macs und Doppelwhoppern vollzustopfen oder sich 20 Jahre lang die Haare aus den Nasenlöchern wachsen zu lassen, um als der dickste Mensch der Welt oder als „Homo sapiens"-Exemplar mit der schönsten Nasenlochfrisur ins Guinness-Buch der Rekorde einzugehen, kann es durchaus sein, dass Leute die Überquerung der Straßen im Handstand trainieren. Das aber kann wegen des Fließverkehrs gefährlich sein und muss deshalb verboten werden.

3. In einem Land, in dem allen erdenklichen Arten der Körperertüchtigung gefrönt wird und alle ständig auf der Suche nach neuen Sportarten sind, die einmal zur Olympischen Disziplin werden könnten, kann es

durchaus sein, dass man es mit der Überquerung von Straßen im Handstand versucht. Selbstverständlich dürfen die Gewinner von Gold-, Silber- und Bronzemedaillen auf dem Siegertreppchen dann auch nur im Handstand posieren.

4. Vielleicht war es aber auch so, dass ein gewisser Robert Miller oder Steve Craig irgendwann eine bierselige Wette mit Freunden abgeschlossen hatte und wettete, dass er am nächsten Tag die Straße ebenso schnell im Handstand überqueren konnte, wie andere per pedes. Und Miller oder Craig überlebte die Einlösung der Wette nicht …

Wie dem auch sei: Die honorige Gesetzgeberschaft in Connecticut hielt es jedenfalls für erforderlich, derart gefährliches und liederliches Treiben für alle Zukunft zu verbieten.

Born in the USA

Es menschelt: Männer und Frauen

Alabama

§ Auch in Mobile, nicht nur in New York, ist es Frauen grundsätzlich untersagt, Schuhe mit hohen Absätzen zu tragen.

§ Männern ist es gesetzlich verboten, in Anwesenheit von Frauen auf den Boden zu spucken. *Da muss es aber Ausnahmen geben: Bei Konzerten der berühmten Rockband Lynyrd Skynyrd wird gespuckt, dass es eine wahre Freude ist.*

§ Ebenso verboten ist es Männern, einen falschen Schnurrbart zu tragen, wenn dieser Kirchenbesucher zum Lachen verleiten könnte. *Herrgottsakrament: In der Kirche wird schließlich nicht gelacht!*

Arizona

§ In Tuscon ist es Frauen per Verordnung verboten, Unterhosen zu tragen.

§ In Tombstone hatten die Stadtväter schon immer Sinn für Ästhetik. Hier ist es Männern und Frauen über 18 Jahren gesetzlich untersagt, ihren Mund zu einem Lächeln zu öffnen, wenn dabei mehr als ein fehlender Zahn sichtbar wird.

Arkansas

§ Hier darf ein Ehemann nach einem Gesetz seine Frau schlagen, allerdings nicht öfter als einmal im Monat.

Florida

§ Männern ist es in Miami verboten, sich in der Öffentlichkeit in einem Morgenmantel ohne Gürtel sehen zu lassen.

§ Grundsätzlich ist es Männern verboten, sich mit einer sichtbaren Erektion in der Öffentlichkeit blicken zu lassen.

§ Weiblichen Singles und geschiedenen oder verwitweten Frauen wird verboten, an einem Sonntag Fallschirm zu springen. Unverheirateten Frauen, die dennoch springen, droht Geldstrafe und/oder Gefängnis.

§ Frauen, die unter einer Trockenhaube einschlafen, können mit einer Geldstrafe belegt werden. Alternativ kann die Strafe aber auch den armen Coiffeur treffen.

Idaho

§ Wenn ein Mann seiner Angebeteten eine Pralinenschachtel überreicht, die weniger als 50 Pfund wiegt, ist das verboten.

Illinois

§ Alle unverheirateten Frauen haben männliche Junggesellen mit „Meister" anzureden. *Ouups!*

Iowa

§ In Ottumwa ist es jeder männlichen Person untersagt, innerhalb der Stadtgrenzen einer ihr unbekannten Frau zuzuwinken.

Kalifornien

§ Frauen, die mit einem Hausmantel bekleidet sind, dürfen nicht Auto fahren. Wahrscheinlich soll verhindert werden, dass Frauen lediglich mit einem Hausmantel fahren.

§ In Los Angeles darf jeder Mann seine Frau mit einem Lederriemen schlagen, vorausgesetzt, der Riemen ist nicht breiter als zwei Inches (1 in = 2,54 cm). Benutzt er einen breiteren Riemen, bedarf es der vorherigen Erlaubnis seiner Ehefrau. *Ob sie wohl einverstanden ist?*

Kansas

§ Hier in der Stadt Wichita wird die Misshandlung eines Mannes durch seine Schwiegermutter nicht als Scheidungsgrund anerkannt.
Drum prüfe, wer sich ewig bindet ...

Kentucky

§ Ohne Begleitung seiner Frau darf in diesem Bundesstaat, in dem der Goldschatz der USA in Fort Knox bewacht wird, ein Mann sich nicht einmal einen Hut kaufen.

§ Keine Frau darf in einem Badeanzug einen Highway des Staates betreten, wenn sie nicht mindestens von zwei Polizisten eskortiert wird oder mit einem Knüppel bewaffnet ist. Dieses Gesetz tritt nicht in Kraft, wenn die Frau weniger als 90 Pfund oder mehr als 200 Pfund wiegt oder es sich um ein weibliches Pferd handelt.

Massachusetts

§ Hier verbietet ein Gesetz, die Füße zwecks Abkühlung aus dem Fenster hängen zu lassen.

§ Bevor nicht alle Fenster im Haus geschlossen und sicher verriegelt sind, ist das Schnarchen strengstens verboten.

Michigan

§ In Detroit ist es Männern gesetzlich verboten, ihre Frauen an Sonntagen böse anzuschauen.
Was, nur an Sonntagen?!

§ Ein weiteres Gesetz stellt das ungebührliche Benehmen von Männern in Gegenwart von Frauen und Kindern unter Strafe. Nach dem Gesetz ist es absolut verboten, in der Nähe oder in Hörweite von Frauen und Kindern „unanständige, unmoralische, obszöne, vulgäre oder beleidigende Wörter" zu gebrauchen. *Dieses Gesetz stammt aus dem Jahre 1897!*

§ Haben Sie sich schon einmal darüber Gedanken
gemacht, wem das Haar Ihrer Ehefrau gehört?
Natürlich ihrem Ehemann. Das legt ein Gesetz in
diesem Bundesstaat fest.
Deshalb darf sich keine Frau ohne die Erlaubnis ihres
Mannes die Haare schneiden lassen.

Minnesota

§ In der Stadt Breinerd müssen sich alle Männer einen
Bart wachsen lassen.
§ Hier kann es außerdem passieren, dass Frauen für
30 Tage ins Gefängnis wandern, wenn sie öffentlich
als Weihnachtsmann verkleidet auftreten.

Missouri

§ In Merryville ist es Frauen strengstens verboten, ein
Korsett zu tragen. Begründung: „Das Privileg, einen
kurvenreichen und durch nichts eingeengten Körper
einer jungen Frau bewundern zu dürfen, darf dem
normalen amerikanischen Mann nicht verweigert
werden." In Virginia hingegen ist man dann ein
Heimlichtuer …
§ In Saco ist es gesetzlich verboten, Hüte zu tragen,
die ängstliche Personen, Kinder und Tiere erschrecken könnten. *Ja, die Hutmode war früher sehr auf-
regend!*

Montana

§ In Helena verbietet ein Gesetz Frauen, in einem
Saloon oder in einer Bar auf einem Tisch zu tanzen,
wenn sie nicht mindestens drei Pfund (1 lb =
453,59237 g) und zwei Unzen (1 oz = 28,35 g) an
Bekleidungsstücken am Leibe tragen.

New Jersey

§ Während der Fischfangsaison ist es den Männern in
diesem Bundesstaat untersagt, zu stricken.
Jetzt wissen Sie, woher die Grünen kommen!

New Mexiko

§ Die Taschen eines Mannes dürfen jederzeit von der Ehefrau durchsucht werden.

§ In Carrizo ist es Frauen verboten, sich mit unrasiertem Gesicht und unrasierten Beinen in der Öffentlichkeit sehen zu lassen.

New York

§ In Carmel gibt es ein Gesetz zur Förderung des guten Geschmacks. Männern ist es untersagt, das Haus zu verlassen, wenn die Schuhe nicht zum Jackett passen.

§ Die erste Anti-Raucher-Kampagne der USA scheint von hier ausgegangen zu sein, denn es ist Frauen schon seit vielen Jahren gesetzlich verboten, auf der Straße zu rauchen.

New York City

§ Hier ist es Männern verboten, Frauen hinterher zu schauen. Wer gegen dieses Gesetz verstößt, wird gezwungen, Scheuklappen für Pferde zu tragen, wann immer er spazieren geht. Ferner wird eine Strafe von 25 US-Dollar verlangt.

North Carolina

§ Bis zum 15. April 2001 mussten sich alle Männer in der Stadt Macclesfield einen Bart wachsen lassen. Wer an diesem Tag ohne Bart oder zumindest ohne ein paar Bartstoppeln im Gesicht angetroffen wurde, musste mit Arrest oder einer Geldstrafe von 25 US-Dollar rechnen. Hintergrund: Macclesfield feierte am15. April 2001 das 100. Geburtstagsjubiläum – und dies sollte in einem angemessenen Rahmen begangen werden. Und da an der Ostküste der USA altenglische Sitten hochgehalten werden, gehört bei Männern eben auch das Tragen von Bärten, vornehmlich Backenbärten, dazu. *Oh je: Eine schlechte Tradition für Milchgesichter!*

Oklahoma

§ Hier dürfen Frauen an ihrem eigenen Haar keine Veränderungen vornehmen, es sei denn, sie hätten eine Lizenz des Staates.
Wie das wohl die Frauen finden?

Pennsylvania

§ Ein spezielles Reinigungsgesetz verbietet es hier Hausfrauen, Dreck und Staub unter den Teppich zu kehren.

§ Außerdem darf kein Mann ohne die schriftliche Genehmigung seiner Ehefrau Alkohol kaufen.

§ In der Stadt Morrisville benötigt eine Frau eine behördliche Genehmigung, wenn sie sich schminken will. Eine Genehmigung des Ehemannes reicht da nicht aus!

Tennessee

§ In Memphis dürfen Frauen einem Gesetz zufolge nur dann mit einem Auto fahren, wenn ein Mann vor dem Auto herläuft und zur Warnung von Fußgängern und anderen Autofahrern eine rote Fahne schwenkt.

§ In Dyersburg dürfen Frauen einen Mann wegen eines Dates nicht anrufen.

Utah

§ Hier ist der Ehemann für jedes kriminelle Vergehen seiner Ehefrau mitverantwortlich, das sie in seinem Beisein begeht.

Vermont

§ Hier dürfen Frauen ohne schriftliche Erlaubnis ihrer Ehegatten kein künstliches Gebiss tragen.

§ Ebenso dürfen Frauen keine künstlichen Haare und aufreizenden Kleider tragen.
Frauen, die gegen die oben genannten Bestimmungen verstoßen, werden damit bestraft, dass ihre Namen öffentlich gemacht werden. Anschließend werden sie dazu verurteilt, auf öffentlichen Plätzen ihr Vergehen zu bedauern.

Virginia

§ Im Bezirk Fairfax wurde im Jahre 2001 (!) ein Gesetz verabschiedet, das Hausbewohnern verbietet, in anderen Räumen als dem Schlafzimmer zu schlafen. Hintergrund dieser Verordnung ist einmal nicht die ausschweifende puritanische Phantasie, sondern der schnöde Mammon. Da die Mieten im Großraum Washington exorbitant hoch sind und viele Bewohner nicht über ein eigenes Haus verfügen, kommen sie bei Freunden oder Bekannten unter. Dort schlafen sie natürlich selten im Schlafzimmer, sondern in anderen Räumen und entziehen dem Bezirk mögliche Einnahmen für die Unterbringung in Hotels oder öffentlichen Einrichtungen.

§ Kein verheirateter Mann darf in diesem Staat an einem Sonntag fliegen.

§ Mit einer Geldstrafe in Höhe von 500 US-Dollar muss gerechnet werden, wenn man falsche Behauptungen über die Keuschheit einer Frau verbreitet. 2001 wurde erstmals ein Antrag auf Abschaffung des aus den 20er Jahren stammenden Keuschheitsgesetzes gestellt.

§ In Norfolk müssen Frauen, die an einer Tanzveran-
staltung teilnehmen wollen, ein Korsett tragen.
Frauen dürfen darüber hinaus nicht in Shorts auf
Pferden reiten, wenn sie mehr als 200 Pfund wiegen.

§ Ebenfalls in Norfolk darf keine Frau das Haus verlassen, ohne ein Korsett zu tragen. Die Einhaltung der
Verordnung wird nach unserer Recherche jedoch
nicht mehr überwacht. Früher gab es jedoch unter
verbeamteten Männern einen beliebten Job: den des
Korsett-Inspektors.

West Virginia

§ In Huntington ist es Polizisten strengstens verboten,
Frauen, die an der Wache entlang flanieren, hinterher zu pfeifen.

§ In diesem Bundesstaat dürfen Ärzte und Zahnärzte
Frauen nur dann betäuben, wenn eine dritte Person
anwesend ist. *Auf welche Ideen Puritaner nicht alles
kommen ...*

Wisconsin

§ In Racine dürfen sich Frauen nachts nur auf der Straße aufhalten, wenn sie von einem Mann begleitet
werden.

§ Es ist auch jungen Männern nicht erlaubt, Frauen
hinterher zu schauen oder ihnen nachzupfeifen.

Tierisch gute Gesetze

Alaska

§ Hier im hohen Norden ist es ein großes Verbrechen, einen lebenden Elch aus einem Flugzeug zu schubsen oder betrunken zu machen.

Arizona

§ Hier ist die Jagd auf Kamele gesetzlich verboten. Angeblich experimentierte die US-Army mit Kamelen. Die Experimente wurden jedoch aufgegeben und die Kamele freigelassen. Seitdem stehen sie unter dem Schutz des Gesetzes.

Colorado

§ Hier muss eine freilaufende Katze unbedingt Rückstrahler tragen.

§ In Denver ist die Misshandlung von Ratten streng verboten.

Connecticut

§ In Hartford verstoßen Sie gegen das Gesetz, wenn Sie Ihren Hund erziehen.

Florida

§ Hier müssen Besitzer von Elefanten die normale Parkgebühr für Personenkraftwagen entrichten, wenn sie das Tier an einer Parkuhr festbinden.

§ Goldfische dürfen bei einer Busfahrt nur dann in ihren Gläsern transportiert werden, wenn sie sich nicht bewegen.

§ Ratten ist es gesetzlich strikt verboten, Schiffe zu verlassen.

Georgia

§ In der Hauptstadt Atlanta verstößt es gegen das Gesetz, wenn eine Giraffe an einer Telefonzelle oder an einem Laternenpfahl festgebunden wird.

Illinois

§ Dieser Bundesstaat ist ausgesprochen tierfreund-
lich. So darf hier niemand Hunden Grimassen
schneiden!

§ Ebenso ist es illegal, eine Maus ohne eine gültige
Jagderlaubnis zu fangen.

§ Ungesetzlich ist es in der Stadt Zion, einem Hund,
einer Katze oder irgendeinem anderen Haustier
eine angezündete Zigarre anzubieten.

§ Bienen verbietet ein Gesetz, über das Dorf oder
durch die Straßen von Kirkland, Illinois, zu fliegen.

§ Trotz der traditionellen Freundlichkeit gegenüber
Tieren musste sich im Jahre 1924 in South Bend ein
Affe vor Gericht verantworten, weil er eine Zigarette geraucht hatte. Er wurde zu einer Geldstrafe von
25 US-Dollar und zur Zahlung der Gerichtskosten
verurteilt.

Iowa

§ In der Stadt Marshalltown ist es Pferden gesetzlich
untersagt, Hydranten aufzufressen.

Kalifornien

§ Hier dürfen nicht mehr als 2000 Schafe gleichzeitig den Hollywood Boulevard hinunter getrieben
werden.

§ Elefanten ist es in San Francisco schwer verboten,
entlang der Market Street zu spazieren, es sei denn,
sie werden an einer Leine geführt.

§ Die Jagd auf Motten unter einer Straßenlaterne ist in
Los Angeles verboten.

§ Tiere dürfen sich nur unter der Voraussetzung paaren, dass sie den Akt in einer Entfernung von mehr
als 1500 Fuß (1 ft = 30,48 cm) zur nächsten Kneipe,
Schule oder Kirche erledigen.

§ Im Jahre 1930 verabschiedete der City Council of
Ontario, Kalifornien, eine Verordnung, die es Hähnen
untersagte, innerhalb der Stadtgrenzen zu krähen.

§ Im kalifornischen Belvedere wird die Leinenpflicht für Hunde sehr merkwürdig ausgedrückt. Auf einer Anordnung der Stadtverwaltung liest es sich so: „No dog shall be in a public place without its master on a leash." (Kein Hund darf in die Öffentlichkeit, ohne sein Herrchen an der Leine zu führen.)

§ Für Mausefallen braucht man eine Jagdlizenz.

§ In Los Angeles ist es unter Androhung hoher Strafe verboten, an Kröten zu lecken. Dieses Gesetz wurde angeblich erlassen, weil eine in Kalifornien heimische Krötenart ein Sekret absondert, das eine ähnlich berauschende Wirkung wie Heroin aufweist.

§ Es ist unter Strafe verboten, eine Schnecke, ein Faultier oder einen Elefanten als Haustier zu halten.

§ In San José ist es illegal, mehr als zwei Katzen oder Hunde zu besitzen.

Kansas

§ Man darf von einem Motorboot aus keinesfalls auf Hasen schießen. *Eigentlich logisch, nicht wahr?*

§ Niemand darf in diesem Bundesstaat einen Fisch mit den bloßen Händen fangen.

§ Darüber hinaus ist es in der Stadt Lang illegal, im August auf einem Muli auf der Hauptstraße zu reiten, es sei denn, das Muli trägt einen Strohhut.

Maryland

§ Hier gilt es als ungesetzlich, Austern zu misshandeln oder einen Löwen mit ins Kino zu nehmen.

Massachusetts

§ Hier müssen im Monat April allen Hunden die Hinterbeine zusammengebunden werden.

Michigan

§ Hier kann einem hohe Gefängnisstrafe drohen, wenn man ein Stinktier in der Schreibtischschublade des Vorgesetzten versteckt.

§ In Detroit macht sich strafbar, wer ein Krokodil an einem Hydranten festbindet.

Minnesota

§ Nach einem Gesetz ist es verboten, Stinktiere zu reizen.

§ Ferner ist es verboten, mit einem Huhn auf dem Kopf über die Staatsgrenze ein- oder auszureisen.

Mississippi

§ Auf dem Flughafengelände von Bourbon dürfen keine Schildkrötenrennen abgehalten werden.

New Jersey

§ Im Städtchen Cresskill müssen alle Katzen drei Glocken um den Hals tragen, um den Vögeln ihr Kommen anzukündigen.

New York City

§ Esel dürfen nicht in einer Badewanne schlafen.
Wenn Sie sie da überhaupt reinkriegen ...

North Carolina

§ In Barber dürfen Katzen nicht mit Hunden kämpfen.
§ Strengstens verboten ist es, Elefanten zum Umpflügen von Baumwollfeldern einzusetzen.

Ohio

§ In Paulding darf ein Polizist einen Hund beißen, um ihn ruhig zu stellen.
§ In Toledo darf man nicht mit Schlangen nach Personen werfen.
§ Ein Gesetz aus Cuyahoga Falls verbot es allen Tieren, innerhalb der Stadtgrenzen dem Ruf der Natur zu folgen.
Das Gesetz wurde 2002 aufgehoben. *Nach wie vielen Verstößen wissen wir nicht ...*

Oklahoma

§ In diesem Bundesstaat, dessen Grenzen mit keinem einzigen Meter an ein Meer stößt, ist die Jagd auf Wale im ganzen Staat verboten.
Kunststück!

Tennessee

§ Hier ist es illegal, einen Fisch mit einem Lasso einzufangen.

Texas

§ In Dallas werden Hunde dazu verdonnert, nachts rote Rücklichter zu tragen.

Utah

§ Hier haben Vögel auf allen Highways Vorfahrt.
§ Es ist illegal, vom Rücken eines Pferdes aus zu angeln.

Virginia

§ In Norfolk steht das Bespucken von Seemöwen unter Strafe.

Washington

§ In Wilbur ist es verboten, auf einem hässlichen Pferd zu reiten.

Wyoming

§ Hier ist es im Juni verboten, einen Hasen zu fotografieren.

Straßenverkehrsordnung: Automobilisten, Giraffen und Elefanten

Alabama

§ Hier ist es Autofahrern verboten, während der Fahrt eine Augenbinde zu tragen.

Alaska

§ Im Norden ist es illegal, von einem Flugzeug aus auf einen Elch herabzuschauen.

Arizona

§ In Glendale ist es ungesetzlich, mit einem Auto rückwärts zu fahren.

§ Piloten ist es strikt verboten, während des Fluges zu gurgeln.

Colorado

§ In Denver ist es untersagt, an Sonntagen schwarz lackierte Autos zu fahren.

Connecticut

§ In Hartford ist es verboten, eine Straße im Handstand zu überqueren.

§ In New Britain dürfen Feuerwehrfahrzeuge selbst während eines Einsatzes nicht schneller als 25 mph (Meilen pro Stunde; 1 m = 1,609344 km) fahren.

§ Die Stadt Devon verbietet es, nach Sonnenuntergang auf den Straßen rückwärts zu laufen.

§ Radfahrer in Connecticut dürfen von der Polizei gestoppt werden, wenn sie schneller als 65 mph (das sind rund 100 km/h!) radeln.

Delaware

§ In einem Flugzeug darf unter Androhung von Strafe nicht geschnarcht werden. *Gilt das nur für die Crew oder auch für Passagiere?*

Idaho

§ Personen jenseits der 88 ist es in Idaho Falls verboten, Motorrad zu fahren.

Illinois

§ In der Stadt Cicero ist es nicht erlaubt, sonntags auf öffentlichen Straßen zu pfeifen.

§ Ein Staatsgesetz schreibt vor, dass die Polizei vorher informiert werden muss, wenn ein Autofahrer beabsichtigt, mit seinem Fahrzeug in eine Stadt hineinzufahren.

Indiana

§ Es ist verboten, im Flughafenbereich von Bicknell Eiscreme mit einer Gabel zu essen.

§ Im gesamten Staatsgebiet ist es verboten, rückwärts in eine Parklücke zu fahren.

Kalifornien

§ In Baldwin Park verstößt das Fahrrad fahren in einem Swimmingpool gegen das Gesetz. Angeblich wurde das Gesetz erlassen, weil entleerte Swimmingpools häufig von BMX-Fahrern zu Trainingszwecken missbraucht wurden.

§ Autobesitzern in San Francisco ist es strengstens verboten, ihr Gefährt mit gebrauchter Unterwäsche zu polieren.

Sie kennen den illustren Zeitvertreib mancher Kalifornier, die ihrem Wagen manchmal eine ganz spezielle Wäsche gönnen?

Kansas

§ Lautes Rülpsen ist auf dem Flughafengelände von Halstead untersagt.

§ Ferner fordert ein Gesetz des Staates, dass alle Fußgänger, die nachts einen Highway überqueren, ein Schlusslicht tragen müssen.

Massachusetts

§ Die Stadt Milford verbietet es, durch Autofenster zu spähen.

Was man da wohl alles erblicken könnte?

Minnesota

§ In Minneapolis dürfen Fahrzeugbesitzer, die in zweiter Reihe parken, zu Zwangsarbeit in einer Chain-Gang verurteilt werden. Sie müssen, an den Füßen angekettet, Zwangsarbeit verrichten.

Nevada

§ Wer ein Kamel auf einem Highway ausreitet, verstößt gegen das Gesetz.

North Carolina

§ Die Stadt Thomasville verbietet es Flugzeugen, an Sonntagen exakt zwischen 11 und 13 Uhr über das Stadtgebiet zu fliegen.

Ohio

§ Die Stadt Cleveland verbietet per Gesetz, ein Fahrzeug in Betrieb zu nehmen, wenn man dabei auf dem Schoß einer anderen Person sitzt.

Oklahoma

§ In diesem Staat ist es gesetzlich untersagt, am Steuer eines Autos ein Comic zu lesen.

Pennsylvania

§ Von der „Bäuerlichen Anti-Automobil-Gesellschaft" wurde hier folgendes Regelwerk aufgestellt: „Bei einer Nachtfahrt über Landstraßen müssen alle Autofahrer jede Meile anhalten, eine Leuchtrakete abfeuern und zehn Minuten warten, damit die Straße geräumt werden kann. Wenn ein Fahrer eine Gruppe von Pferden sieht, muss er anhalten und sein Fahrzeug mit einer Decke abdecken, die farblich mit der Landschaft harmonisiert. Wenn sich ein Pferd weigert, das Auto zu passieren, muss der Fahrer seinen Wagen von der Straße entfernen und in den Büschen verstecken."
Unserer Recherche nach stammt dieses Gesetz bzw. Regelwerk aus den ersten Tagen des Automobilismus, aus der Zeit also, als die Pferde Räder erhielten.

Tennessee

§ Hier ist es absolut illegal, aus einem fahrenden Auto heraus Jagd auf Wild zu machen. Aber keine Regel ohne Ausnahme: Auf Wale darf man schon feuern. *Falls man ihnen tatsächlich in Tennessee begegnen sollte.*

Texas

§ Wenn sich zwei Züge an einem Bahnübergang begegnen, müssen beide Züge halten und dürfen ihre Fahrt nicht eher wieder fortsetzen, bis der andere passiert hat, heißt es in diesem Südstaat. Die Legende besagt, dass ein Senator mit dieser Regelung ein verkehrspolitisches Gesetzeswerk ins Lächerliche ziehen und seine Verabschiedung verhindern wollte. Aber seine Rechnung ging nicht auf: *Das Gesetz wurde in dieser Form rechtskräftig.*

Washington

§ Hier gibt es ein Gesetz, welches festlegt, dass nachts vor jedem Auto ein Mann aus Sicherheitsgründen mit einer roten Laterne hergehen muss.

West Virginia

§ In diesem Staat ist es unter Androhung von Strafe verboten, in einem Zug ein Nickerchen zu halten.

Wisconsin

§ In Milwaukee darf auf keiner Straße länger als zwei Stunden geparkt werden, ohne ein Pferd an die Stoßstange zu binden.

Sitte und Moral: Puritanische Ansichten an der Ost- und Westküste

Alabama

§ Im Südstaat Alabama war zwischen 1998 und 2002 der Verkauf von Sexspielzeugen illegal und somit gesetzlich verboten.

Alaska

§ In Fairbanks ist es Elchen per Gesetz untersagt, auf den Bürgersteigen der Stadt der geschlechtlichen Liebe nachzugehen.

§ Sex in einem Wohnmobil, Wohnwagen oder Auto ist ab Temperaturen unter minus 25 Grad Celsius untersagt.

Arizona

§ Im US-Bundesstaat Arizona dürfen in keinem Haus mehr als zwei Dildos in Gebrauch sein.
Das kommentieren wir mal lieber nicht!

Arkansas

§ Das Flirten in den Straßen von Little Rock in Arkansas kann eine 30-tägige Haftstrafe zur Folge haben. Wahrscheinlich ist Ihnen bekannt, dass der vormalige US-Präsident Bill Clinton lange Jahre Gouverneur von Arkansas in Littlerock war. *Okay, wenn es nur ums Flirten ging …*

Colorado

§ Hausbesitzer in Alamosa sind dazu verpflichtet, zu verhindern, dass unverheiratete Paare in ihrem Haus Sex haben.
Nicht überheblich lachen! So einen „Kuppler-Paragrafen" gab es auch einmal im Deutschen Strafgesetzbuch!

§ In Logan County ist es illegal, eine Frau zu küssen, während sie schläft.

37

Florida

§ Hier ist es der Frau verboten, zwei Drittel ihres Pos am Strand zu zeigen. Tut sie es trotzdem, drohen ihr 500 US-Dollar Strafe oder Gefängnis. *Baywatch lässt grüßen!*

§ Nur die Missionarsstellung ist in Florida erlaubt.

§ Die Brüste seiner Frau zu küssen oder Oralverkehr mit ihr auszuüben ist streng verboten.

§ Nicht genug damit: Es ist hier auch ein Verbrechen, nackt zu duschen.

§ Weitaus wichtiger ist den Gesetzgebern aber der Hinweis darauf, dass es untersagt ist, mit einem Stachelschwein sexuell zu verkehren.

§ In Datona Beach verbietet ein Gesetz darüber hinaus, öffentliche Mülleimer (???) sexuell zu belästigen. *Da hat wohl mal einer geklagt!*

Georgia

§ Ein Gesetzesentwurf vor dem Staatsparlament von Georgia sah vor, dass alle Hotels in Georgia deutlich sichtbar Schilder mit der Warnung „Geschlechtsverkehr, Ehebruch und Sodomie verboten" aufhängen müssen. Die Warntafeln sollten in normaler sowie in Blindenschrift angefertigt werden und „international erkennbare Symbole" tragen. Das Vorhaben wurde jedoch nicht realisiert.

§ Nach einem Gesetz von 1833 war in Georgia bis 2002 vorehelicher Geschlechtsverkehr streng verboten und konnte mit empfindlichen Strafen geahndet werden.

Idaho

§ Der Autosex in Coeur d'Alene wird folgendermaßen geregelt: Polizisten sind angehalten, hinter verdächtigen Wagen zu parken, dreimal auf die Hupe zu drücken und anschließend zwei Minuten zu warten, ehe sie sich dem Wagen nähern dürfen. *Wie rücksichtsvoll!*

Illinois

§ In der Stadt Champaign ist es gesetzlich verboten, in den geöffneten Mund seines Nachbarn zu urinieren.

Indiana

§ Achtung: Hier kann jeder männliche Autofahrer über 18 wegen Vergewaltigung Minderjähriger festgenommen werden, wenn seine Beifahrerin keine Socken und Schuhe trägt und unter 17 ist.

Iowa

§ Pärchen dürfen sich maximal fünf Minuten küssen.

Kalifornien

§ In Ventura County ist es Hunden und Katzen gesetzlich verboten, ohne vorheriger Erlaubnis miteinander Sex zu haben.

§ Schnurrbartträgern ist es in Eureka nicht erlaubt, eine Frau zu küssen.

Louisiana

§ Paare, die sich ein neues Bett kaufen wollen, dürfen im Geschäft weder real noch simuliert testen, ob dieses ihren sexuellen Wünschen auch genüge tut.

Maryland

§ In der Stadt Halethrope existiert ein Anti-Kuss-Gesetz: Dort darf ein Kuss nicht länger als eine Sekunde dauern!

Massachusetts

§ Hier schreibt ein Gesetz vor, dass Frauen beim Sex ausschließlich unter dem Mann zu liegen haben.

§ In Boston ist es gesetzlich untersagt, sich vor einem Kirchengebäude zu küssen.

§ Ferner ist es Taxifahrern verboten, während des Dienstes auf den Vordersitzen Liebe zu machen.

Michigan

§ In Clawson existiert ein Gesetz, das es Bauern erlaubt, mit Schweinen, Kühen, Pferden, Ziegen oder Hühnern Geschlechtsverkehr zu haben.
Jesus Christ! Sodom und Gomorra!

§ In Detroit hingegen ist es völlig verboten, in einem Auto Sex zu haben. Ausnahme: Das Fahrzeug befindet sich auf dem Privatgrundstück des Paares.

Minnesota

§ Auch in diesem Staat ist es strengstens untersagt, unbekleidet zu schlafen.

Montana

§ Im US-Bundesstaat Montana wird durch ein „Gesetz gegen abweichende sexuelle Ausrichtungen" Homosexualität unter Strafe gestellt.
Im Jahre 1997 setzte der oberste Gerichtshof des Staates dieses Gesetz aufgrund seiner Verfassungswidrigkeit außer Kraft. Aus den Gesetzesbüchern wurde es trotzdem nicht entfernt, weil es angeblich wegen seiner Symbolkraft erhalten werden sollte. Das heißt: Auch, wenn kein Gericht einen Einwohner von Montana heute noch wegen Homosexualität anklagen kann, sollte jeder doch wissen, dass gleichgeschlechtliche Liebe hier einfach unschicklich ist.

Nebraska

§ Sämtliche Hotelbesitzer in Hastings sind gesetzlich dazu verpflichtet, jedem Übernachtungsgast ein sauberes und geplättetes Nachthemd zur Verfügung zu stellen. Keinem Paar, auch keinem Ehepaar, ist es gestattet, nackt miteinander zu verkehren. Der Geschlechtsverkehr kann jedoch legalisiert werden: Wenn es das Paar in den Baumwollnachthemden macht, ist alles okay.
Eigentlich logisch! Nur: Wer überwacht das?

Nevada

§ *Endlich mal etwas Vernünftigeres:* Hier gibt es ein Gesetz, das Sex ohne Kondom verbietet.

New Jersey

§ Vorsicht, Autosex! Ertönt beim Spiel eines Pärchens in Liberty Corner versehentlich die Hupe, droht eine Gefängnisstrafe.

New Mexiko

§ In Carlsbad ist es Liebespaaren erlaubt, während der Mittagspause Sex in einem geparkten Wagen zu haben, solange im Inneren Vorhänge angebracht sind, die neugierige Blicke von Spannern verhindern.

New York City

§ Aufgepasst, Touristen! Die New Yorker Verkehrsbehörde hat entschieden, dass Frauen barbusig U-Bahn fahren dürfen. Hintergrund: Ein New Yorker Gesetz besagt, dass Männer sich mit freiem Oberkörper zeigen dürfen. Frauen müsse daher dasselbe Recht zugestanden werden.

North Carolina

§ Hier ist die Masturbation gesetzlich verboten.
§ Unverheirateten ist es verboten, vor der Ehe Geschlechtsverkehr auszuüben oder gemeinsam in einer Wohnung zu leben.
Noch 2001 wurde in North Carolina ein Mann aufgrund dieses fast 200 Jahre alten Gesetzes verurteilt.

Ohio

§ In Cleveland dürfen Frauen keine Lackschuhe tragen, da Männer in ihnen eventuell die Reflexion von etwas sehen könnten, was sie nicht sehen sollten. *Also, das kann man sich wirklich nur bei puritanischer Phantasie vorstellen, oder etwa nicht?!*

§ In Oxford ist es Frauen untersagt, sich vor einem Gemälde oder Foto eines Mannes zu entkleiden.

Oklahoma

§ Ein Gesetz in Clinton verbietet Passanten das Masturbieren, wenn sie dabei ein Pärchen beim Sex im Auto beobachten.

Pennsylvania

§ Die Gemeinde Locust verbietet es allen männlichen Einwohnern, sich in der Öffentlichkeit mit einer Erektion sehen zu lassen. Zuwiderhandlungen können mit einer Gefängnisstrafe bis zu drei Monaten geahndet werden.
Damit sollen „Gesundheit, Sicherheit und Moral der Gemeinde" geschützt werden.

§ In Harrisburg ist es gesetzlich untersagt, in einem Zollhäuschen mit einem Fernfahrer der Liebe nachzugehen.

§ Es ist Piloten verboten, weibliche Flugschülerinnen mit einem Staubwedel unter dem Kinn zu streicheln, um ihre Aufmerksamkeit zu erregen. So lautet eine Regel in Columbia.

Rhode Island

§ In Tulsa sind Küsse mit einer Dauer von über drei Minuten verboten.

South Dakota

§ In der Stadt Sioux Falls muss jedes Hotelzimmer mit zwei Betten ausgestattet sein. Es ist vorgeschrieben, das zwischen den Betten mindestens ein Abstand von zwei Fuß bestehen muss, wenn ein Paar einen Raum nur für eine Nacht mietet. Es ist weiterhin untersagt, auf den Boden zwischen den Betten Liebe zu machen.

Texas

§ In San Antonio ist es verboten, durch Blickkontakt oder durch Handsignale zu flirten oder auf Flirtsignale zu reagieren.

§ Auf den Flughafengelände von Kingsville ist Schweinen der Geschlechtsverkehr gesetzlich untersagt.

§ Der Besitz realistisch aussehender Dildos wird in Dallas unter Strafe gestellt.

Utah

§ Hier darf keine Frau innerhalb der Stadtgrenzen von Tremonton in einem Krankenwagen Sex mit einem Mann haben. Wird sie in flagranti ertappt, kann sie eines Sexualvergehens angeklagt werden. Weiterhin muss ihr Name in der Tageszeitung veröffentlicht werden. Der Mann geht straffrei aus, auch wird sein Name nicht veröffentlicht.

§ Engtanzverbot! In Monroe müssen zwei Tanzende immer soviel Platz zwischeneinander lassen, dass man das Tageslicht zwischen ihnen sehen kann.

Vermont

§ Eine Verordnung in diesem Staat bestimmt, das sich zwei Personen erst dann küssen dürfen, wenn sie ihre Lippen mit karbolsaurem Rosenwasser abgewischt haben. *Brrrr!*

Virginia

§ Sex darf in Virginia laut einem Staatsgesetz nur im Dunkeln stattfinden. Das Licht muss unbedingt gelöscht werden! Alle Stellungen außer dem Missionar sind verboten.

Washington

§ Im Staat Washington ist es unter allen Umständen verboten, mit einer Jungfrau Sex zu haben. Das Gesetz schließt die Hochzeitsnacht mit ein. *Sterben die Washingtoner dann nicht aus?*

§ Auch in Auburn ist es Männern ausdrücklich verboten, Jungfrauen zu deflorieren. Das Alter oder der Familienstand der Jungfrau ist dabei völlig irrelevant für das Gesetz. Tut man es doch, drohen bis zu fünf Jahre schwere Gefängnisstrafe.

Washington D.C.

§ Auch in Washington, D.C. herrschen harte Sitten. Hier ist nur der Missionar erlaubt.

West Virginia

§ Hier erlaubt es ein Gesetz, dass Männer Sex mit Tieren haben dürfen, wenn diese nicht mehr als vier Pfund wiegen.

Wisconsin

§ In der Kleinstadt Connorsville in Wisconsin ist es illegal, wenn ein Mann einen Schuss aus einem Gewehr abfeuert, während seine Frau einen Orgasmus hat.
Fragen Sie bitte nicht, welchen tieferen Sinn diese Verordnung hat!

§ Hier dürfen Kondome nur unterhalb der Ladentheke verkauft werden, da sie „obszön" sind.
Wenn das mal nicht den Verkauf bremst ...

§ Ein Gesetz des Staates Wisconsin verbietet das Küssen in Zügen.

Wyoming

§ Eine Verordnung der Stadt Newcastle untersagt es Paaren, in einem Kühlhaus Liebe zu machen.

Scheidungsrecht: Ehe und Heirat

Illinois

§ In Oblong steht es unter Strafe, am Hochzeitstag mit seiner Frau zu schlafen, wenn man sich auf einem Jagd- oder Angelausflug befindet.

Iowa

§ Die Gesetze in Ames gestatten es einem Ehemann nicht, nach dem Sex mehr als drei Schluck Bier zu sich zu nehmen, wenn er seine Ehefrau im Arm hält oder neben ihr im Bett liegt.

Massachusetts

§ In Salem ist es selbst verheirateten Paaren verboten, nackt in gemieteten Räumen zu schlafen.

Michigan

§ In diesem Bundesstaat darf ein Ehemann seine Frau keinesfalls an einem Sonntag küssen. Sollte er trotzdem dabei beobachtet werden, kann das Bezirksgericht des jeweiligen County ihn dazu verpflichten, im kommenden Kalenderjahr jeden Sonntag öffentlich nützliche Arbeiten zu verrichten.

Minnesota

§ In der Stadt Alexandria darf kein Mann mit seiner Frau schlafen, wenn er aus dem Mund nach Knoblauch, Zwiebeln oder Sardinen riecht. Fordert es seine Frau, zwingt ihn das Gesetz, sich die Zähne zu putzen. Andernfalls darf die Ehefrau ihren Mann vor Gericht bringen!
Die klagen wirklich gegen alles und jeden ...

45

North Carolina

§ Von wegen „kleine Affäre"! Wenn in North Carolina
ein Mann und eine Frau sich in einem Hotel als Ehepaar ausgeben, dann sind sie nach einem Gesetz des
Staates mit sofortiger Wirkung legal verheiratet.

Oregon

§ In Willowdale ist es höchst ungesetzlich, wenn
der Ehemann während des Geschlechtsverkehrs
flucht oder seiner Frau Obszönitäten ins Ohr
flüstert.

Pennsylvania

§ Hier ist es verboten, während einer Hochzeit einen
Revolver oder eine Kanone zu entladen.

Texas

§ Ein 1837 verabschiedetes und erst 1974 aufgehobe-
nes Gesetz erlaubte es allen Ehemännern, den auf
frischer Tat ertappten Liebhaber ihrer Frau folgenlos
zu erschießen.

Himmel und Hölle

Illinois

§ In Urbana ist es Monstern verboten, das Stadtgebiet
zu betreten.
Finden wir richtig gut!

Florida

§ Im 1400-Seelen-Nest Inglis hat der Satan per Gesetz
Hausverbot.
Angeblich hat die Bürgermeisterin der Gemeinde
Anfang 2002 einen Erlass veröffentlicht, der „allen
satanischen und dämonischen Kräften" befiehlt,
„ihre Aktivitäten einzustellen und Inglis zu verlassen". *Geht mit Gott!*

Vermont

§ In diesem Bundesstaat ist es illegal, die Existenz Gottes zu leugnen. Wer im Namen Gottes flucht, muss mit harter Bestrafung rechnen.

Wisconsin

§ Es ist strengstens untersagt, Menschen zu hypnotisieren – auch nicht zu therapeutischen Zwecken, da davon ausgegangen werden muss, dass lediglich Hexen und Zauberer über hypnotische und telepathische Fähigkeiten verfügen. Hexerei und Zauberei ist jedoch verboten.

Sport, Spiel, Spaß und Vergnügen

Alabama

§ Es ist verboten, an einem Sonntag Domino zu spielen. *Ist ja auch zu anrüchig!*

Florida

§ Jäger dürfen auf Krokodile schießen. Sie dürfen sie jedoch keinesfalls mit einem Angelgerät jagen.

Idaho

§ Es ist untersagt, auf einem Kamel sitzend zu angeln.

Illinois

§ In Chicago ist es illegal, nur mit einem Pyjama bekleidet zum Fischen zu gehen.

Maryland

§ In Ocean City darf niemand während des Schwimmens im Meer essen.

New York

§ In der Stadt Albany darf in den Straßen kein Golf gespielt werden.

North Carolina

§ Jegliche sportliche Betätigung fällt unter das eigene Risiko des Ausübenden. Niemand darf im Fall der Verletzung vom Staat Hilfe und eventuell finanzielle Unterstützung erwarten.

Oregon

§ Hier darf kein Angler Mais aus Dosen als Köder verwenden.

Körperpflege

Indiana

§ Ein Gesetz verbietet es, während der Wintermonate ein Bad zu nehmen.

Florida

§ In Saratoga ist es illegal, in einem Badeanzug in der Öffentlichkeit zu singen.

§ Ebenso verboten ist es, in einem Badezimmer die Kleider abzulegen.

Kalifornien

§ In Prunedale ist gesetzlich festgelegt, dass nicht mehr als eine Badewanne pro Gebäude installiert werden darf.

§ In Los Angeles darf man nicht mehr als zwei Babys gleichzeitig in derselben Wanne baden.

§ Badeanstalten sind hier gesetzlich verboten. Von dem Verbot sind alle Arten von Mineralquellen, Whirlpools, Saunen, Dampfbäder, öffentliche Badeanstalten, Schlamm-, Mineral- und Schwimmbäder betroffen.
Angeblich wurde dieses Gesetz während der ersten AIDS-Welle in den USA Anfang der 80er Jahre verabschiedet. Durch diese Maßnahme sollte die Verbreitung der Seuche verlangsamt werden, da wohl angenommen wurde, dass es in öffentlichen Badeanstalten häufiger als anderswo zu anonymen und ungeschützten Sexualkontakten käme.

Kansas

§ In Topeka ist die Installation von Badewannen verboten.

Kentucky

§ Ein Gesetz verbietet es jeder Person, ohne Polizeischutz in einem Badeanzug die Straßen der Städte

oder Dörfer des Staates Kentucky zu betreten. *Was da alles passieren könnte!*

§ Es muss zumindest einmal im Jahr gebadet werden.

Maine

§ Sich laut in aller Öffentlichkeit die Nase zu putzen ist in Waterville gesetzlich untersagt.

Massachusetts

§ Hier in Boston macht sich hingegen strafbar, wer öfter als zweimal im Monat ein Bad nimmt.

§ Ein altes Gesetz verbietet es überdies, an einem Sonntag ein Bad zu nehmen.

§ Sei's drum: Eigentlich ist es prinzipiell verboten, ein Bad zu nehmen. Es sei denn, ein Arzt hätte es angeordnet.

Michigan

§ In Rochester muss jeder Freund des nassen Elements seinen Badeanzug vorher von einem Polizisten inspizieren lassen.

Mississippi

§ In Tylertown ist es ungesetzlich, sich mitten auf der Hauptstraße zu rasieren.

Pennsylvania

§ Das Gesetz des Staates enthält eine Regelung, die es untersagt, in Badewannen zu singen.

Virginia

§ Hier sind Badewannen im Inneren von Gebäuden verboten.

Vermont

§ In Vermont wird vom Gesetzgeber vorgeschrieben, mindestens ein Bad pro Woche zu nehmen – immer Samstagnachts.

Wisconsin

§ Hier muss man laut Gesetz alle Urinale manuell spülen. *Igitt!*

Wyoming

§ In Cheyenne ist es den Bürgern verboten, an einem Mittwoch zu duschen.

Gangstas

Arizona

§ Einem Erlass der Bezirks Mahove zufolge muss jeder, der ein Stück Seife gestohlen hat, sich so lange damit waschen, bis es vollkommen aufgebraucht ist.

Georgia

§ In Smyrna ist es Personen unter 18 Jahren verboten, Farbspraydosen oder Filzmarker zu erwerben oder zu besitzen. Ladenbesitzer dürfen diese Gegenstände nur noch in Minderjährigen nicht zugänglichen Bereichen verkaufen. Personen, die mit diesen Gegenständen aufgegriffen werden, gelten als Kriminelle.
Dieses Gesetz wurde 2001 angeblich erlassen, um die Bandenkriminalität in Smyrna zu bekämpfen. Es sollte dazu beitragen, die Kommunikation zwischen den zahlreichen rivalisierenden Streetgangs mit Graffiti zu erschweren. Die amerikanische Bürgerrechtsbewegung in Atlanta bezeichnete das Gesetz als lächerlich – mit der gleichen Begründung könnte man auch den Verkauf von Haarnadeln und Tackern verbieten, da auch mit diesen Gegenständen Verbrechen begangen werden könnten.

Idaho

§ Die Stadt Pocatello verabschiedete 1912 ein Gesetz, das das Tragen von Waffen untersagt.

Ausnahme: Die Waffe wird gut sichtbar in der Öffentlichkeit getragen.

Illinois

§ Hier kann jemand wegen Landstreicherei verhaftet werden, wenn er nicht mindestens einen US-Dollar bei sich trägt.

Indiana

§ Friseure aus Elkhard machen sich strafbar, wenn sie einem Kind androhen, ihm die Ohren abzuschneiden.

Kalifornien

§ Bis zu 500 US-Dollar zahlt, wer innerhalb der Stadtgrenzen von Chico einen Nuklearsprengkörper zur Detonation bringt.

Kansas

§ In Natoma ist es gesetzlich untersagt, Messer auf Männer in gestreiften Anzügen zu schleudern.

Kentucky

§ Ein Gesetz in Frankfort verbietet es, die Krawatte eines Polizeibeamten abzuschießen.

Louisiana

§ Ein Gesetz verbietet es Bankräubern, nach dem Überfall mit einer Wasserpistole auf die Kassierer zu schießen.

§ Beißt man hier jemanden mit seinen natürlichen Zähnen, so wird diese Tat lediglich als „einfaches Vergehen" gewertet. Ein Biss mit den dritten Zähnen hingegen gilt als „schweres Vergehen".

Massachusetts

§ Es ist es gegen das Gesetz, Duelle mit Wasserpistolen auszutragen.

New York

§ Hier können Selbstmörder, die vom Dach eines Gebäudes springen, zum Tode verurteilt werden.

North Dakota

§ In diesem Bundesstaat ist es immer noch legal, aus einem Planwagen heraus auf Indianer zu schießen.

§ Auch hier wurde einst ein versuchter Selbstmord als Mordversuch angesehen und wurde mit der Todesstrafe geahndet.

Oklahoma

§ In diesem Bundesstaat darf man keine Waffe öffentlich sichtbar tragen, es sei denn, man wird von einem Indianer verfolgt.

Texas

§ Ein erst kürzlich verabschiedetes Gesetz zur Verbrechensbekämpfung verlangt von jedem Kriminellen, sein Opfer mindestens 24 Stunden vor der Tat entweder mündlich oder schriftlich über die Natur des geplanten Verbrechens zu unterrichten. *Genial!*

§ Ein Gesetz verbietet es den Bürgern des südlichen Bundesstaates am Wahltag mit einem Schwert oder Speer bewaffnet im Wahllokal zu erscheinen.

Virginia

§ In Richmond gilt selbst der Wurf einer Münze, mit dem ausgelost werden soll, wer die Restaurantrechnung bezahlt, als illegales Glücksspiel und ist somit verboten.

Washington

§ Ein Gesetz zur Verbrechensbekämpfung besagt, dass jeder motorisierte Kriminelle mit unlauteren Absichten von der Stadtgrenze aus den Polizeichef anrufen muss, um sein Erscheinen anzukündigen.

Umweltschutz

Arizona

§ Mit bis zu 25 Jahren Haft muss rechnen, wer in diesem Bundesstaat einen Kaktus fällt.
Hintergrund: Da es für einige Zeitgenossen ein beliebter Zeitvertreib ist, auf Kakteen zu schießen oder sie ganz abzuholzen, wurde dieses Gesetz erlassen, um den Bestand der in Arizona beheimateten und stark gefährdeten seltenen Sanguaro-Kaktee zu sichern.

Arkansas

§ Ein Gesetz verbietet es dem Arkansas River, höher als bis zur Brücke der Hauptstraße in Little Rock, Arkansas, zu steigen. *Wir wissen leider nicht, welche Strafen der Gesetzgeber für den Fluss vorsieht, wenn dieser dennoch über die erlaubte Markierung steigt ...*

Colorado

§ Wer innerhalb der Grenzen der Stadt Pueblo (span.: Dorf, Ansiedlung, Siedlung) einen Löwenzahn aufzieht oder das Wachsen eines Löwenzahnes nicht verhindert, verstößt gegen das Gesetz.

Kalifornien

§ In San Francisco wird der Bevölkerung durch eine
Verordnung Sonnenschein garantiert.
Nicht genug: In Brawley wurde eine Resolution verabschiedet, die Schnee innerhalb der Stadtgrenzen
verbietet.

Massachusetts

§ In Holyoke gibt es ein Gesetz, welches das Wässern
eines Rasens während eines Regenschauers unter
Strafe stellt.

North Carolina

§ In Topsail Beach ist es Hurricanes und Tornados per
gesetzlicher Verordnung verboten, die Stadtgrenzen
zu überqueren.

Pennsylvania

§ In York ist es streng verboten, sich hinzusetzen,
während man seinen Rasen mit einem Schlauch
wässert.

Vom Essen und Trinken

Colorado

§ Ein Gesetz verbietet es, in den Straßen Luft aus
einem Ballon abzulassen und dabei ein pfeifendes
Geräusch zu verursachen.

Connecticut

§ Damit eine Gewürzgurke auch offiziell als Gewürzgurke anerkannt werden kann, muss sie hüpfen können. *Schön üben!*

Florida

§ In Tampa Bay ist es verboten, an einem Sonntag
nach 18 Uhr Hüttenkäse zu verzehren.

Indiana

§ In Gary ist es untersagt, innerhalb von vier Stunden nach dem Genuss von Knoblauch ein Kino oder ein Theater zu besuchen und öffentliche Verkehrsmittel in Anspruch zu nehmen.
Danke, Gary!

§ Ebenso darf hier in Spirituosengeschäften keine Milch oder ein gekühlter Soft-Drink verkauft werden. Ungekühlte Soft-Drinks hingegen sind legal.
In einem Gesetz zur Lizensierung von Spirituosenhändlern wird in einer Liste festgelegt, welche Waren in Spirituosengeschäften verkauft werden dürfen. Waren, die nicht auf der Liste stehen, gelten als verboten.

Kalifornien

§ Gegen die Gesetze des Staates verstößt man, wenn man auf den dortigen Friedhöfen Gemüse anpflanzt.

§ In Carmel ist es verboten, auf öffentlichen Bürgersteigen Eiscreme zu essen.
Dieses Gesetz wurde zu Amtszeiten des Bürgermeisters Clint Eastwood (formally known as Dirty Harry) aufgehoben.

Kansas

§ Hier ist es illegal, an einem Sonntag Schlangen zu essen.

§ Durch Gesetzesbeschluss gilt jeder Mann oder jede Frau so lange als nüchtern, bis er oder sie nicht mehr aufrecht stehen kann.
Trunkenheit ist einfach eine Definitionssache ...

Massachusetts

§ In diesem Bundesstaat ist es allen Bürgern verboten, Muschelsuppen mit Tomaten zu verfeinern.

§ Wer in den Regalen einer Bäckerei herumliegt, macht sich eines Verbrechens schuldig.
Warum sollte man so etwas tun?!

Missouri

§ In St. Louis ist es illegal, in den Straßen auf dem Bordstein zu sitzen und Bier aus einem Eimer zu trinken. Dieses Gesetz bezieht sich auf einen mittlerweile nicht mehr praktizierten Brauch irischer Einwanderer, an einem bestimmten Tag Bier aus Eimern zu trinken.

Nebraska

§ Nach einem Gesetz dieses Staates dürfen die Besitzer von Bars nur Bier ausschenken, wenn sie gleichzeitig einen Topf Suppe kochen. *Man braucht einfach eine gute Basis ...*

§ In der Stadt Lehigh ist es verboten, die Löcher aus den Doughnuts zu verkaufen. *Klar: Auch die Eidgenossen dürfen ja nicht die Löcher aus dem berühmten Schweizer Käse verkaufen – obwohl dies bestimmt eine gute Geschäftsidee wäre!*

§ Friseuren ist es in Waterloo verboten, zwischen 7 Uhr morgens und 7 Uhr abends Zwiebeln zu essen. *Und was ist mit Knoblauch?*

North Dakota

§ Bier und Brezeln dürfen nicht zur selben Zeit in einem Restaurant serviert werden. *Daran sollen sich schon Präsidenten verschluckt haben!*

Oklahoma

§ In Tulsa darf eine Mineralwasserflasche nur unter Aufsicht eines staatlich geprüften Ingenieurs geöffnet werden.
Ebenso ist es untersagt, ein Stück aus dem Hamburger eines Fremden herauszubeißen.

Texas

§ In Lefors verstößt man gegen das Gesetz, wenn man im Stehen mehr als drei Schluck Bier zu sich nimmt.

Washington

§ Hier sind alle Dauerlutscher verboten.

Wisconsin

§ Nach einem Gesetz des Staates ist es illegal, in Restaurants Apfelkuchen ohne Käse zu servieren.

Alles verboten!

Alabama

§ In Montgomery ist es verboten, einen Regenschirm auf offener Straße aufzuspannen.
Dieses Gesetz sollte ursprünglich verhindern, dass Pferde sich erschrecken und daraufhin scheuen.

Arizona

§ In Nogales ist es verboten, in der Öffentlichkeit Hosenträger zu tragen.

Arkansas

§ Es ist illegal, den Namen des Staates Arkansas falsch auszusprechen.

Colorado

§ Wer in Denver seinen Staubsauger an die Nachbarn verleiht, verstößt gegen das Gesetz.

Florida

§ In diesem Südstaat wird jeder bestraft, der an einem Donnerstag nach 18 Uhr in aller Öffentlichkeit einen Darmwind entweichen lässt.

§ In Pensacola ist es strafbar, weniger als 10 US-Dollar bei sich zu führen.

Georgia

§ Es ist verboten, in Jonesboro die Worte „oh, boy" auszusprechen.

§ Ein Gesetz verbietet es den Friseuren, ihre Preise auszuhängen.

§ Es ist ungesetzlich, einem Gottesdienst ohne ein geladenes Gewehr beizuwohnen.

Hawaii

§ Auf Hawaii ist es verboten, sich einen Penny in das Ohr zu stecken.

Illinois

§ Ein Gesetz in Chicago verbietet es, während eines Brandes zu essen.

Iowa

§ Ein Gesetz in Fort Madison legt fest, dass die Feuerwehr erst 15 Minuten die Brandbekämpfung üben muss, bevor sie zu einem Einsatz ausrücken darf.

§ Ein Gesetz des Staates verbietet es jedem Etablissement, für ein Konzert eines einarmigen Pianisten Eintritt zu kassieren.

Kalifornien

§ In Cupertino ist es illegal, gut hörbar rückwärts im Hexadezimalsystem zu zählen.

§ In Los Angeles sind aufwändige, farbenprächtige Anzüge (sog. zoot suits) gesetzlich verboten. Dieses Gesetz wurde 1943 erlassen. Aufgrund der amerikanischen Kriegsanstrengungen waren gute Textilstoffe rar und Kleidungsstücke, für die mehr Textilien als unbedingt nötig verarbeitet wurden, galten als unpatriotisch. Solche Kleidungsstücke wurden aus traditionellen und landsmannschaftlichen Gründen hauptsächlich von Mexikanern und Bürgern spanischer Abstammung getragen (Latinos), was Jugendliche zum Anlass nahmen, diese Bevölkerungsgruppe zu verfolgen (zoot suit riots). Mit dem Gesetz versuchten die Stadtväter von Los Angeles, diese Aufstände zu unterdrücken.

Kentucky

§ In Lexington ist es illegal, Eiscremehörnchen in der Hosentasche zu transportieren.

Maryland

§ In Baltimore ist es verboten, Waschbecken zu säubern, egal wie dreckig sie auch sind.

§ Ebenso ist das Werfen von Heuballen aus dem zweiten Stock eines Gebäudes untersagt.

§ Im Kreis Montgomery kann seit Ende 2001 der Zug an einer Zigarette in der eigenen Wohnung mit einer Strafe von 750 US-Dollar geahndet werden. Die Strafe wird fällig, wenn der Zigarettenrauch durch Türen, Fenster, Entlüftungsschlitze oder Wandritzen zum Nachbarn quillt.

Massachusetts

§ In Brockton müssen die Bürger eine Lizenz beantragen, um eine Schneiderei betreten zu dürfen.

§ Das Lesen von Büchern oder Zeitungen in den Straßen von Southbridge ist nach 20 Uhr verboten.

§ Es ist verboten, an einem Sonntag Windeln auszuliefern.

§ Ein Gesetz verbietet es Trauernden, während der Totenwache mehr als drei Sandwiches zu essen. *Wem ist da schon nach Essen ...*

§ Eine alte Verordnung des Staates erklärt alle Spitzbärte als illegal, es sei denn, der Träger bezahlt eine Gebühr für das Privileg, einen tragen zu dürfen.

§ In Fitchburg dürfen Friseure keinen Kamm hinter dem Ohr tragen.

Minnesota

§ Nach einem 1997 verabschiedeten Gesetz müssen in Minnesota alle offiziellen Landmarken, die den Begriff „Squaw" (in der indianischen Sprache Sioux bedeutet das Wort „Frau") enthalten, umbenannt werden.
Der Grund für die Umbenennung war jedoch nicht etwa die postume Gleichberechtigung der Indianer, sondern die öffentlich gewordene Erkenntnis zweier Studenten, die herausgefunden hatten, dass das Wort „Squaw" in der Sprache eines anderen Indianerstammes, nämlich der früher in Minnesota ansässigen Ojibwa-Indianer, eigentlich „Vagina" bedeute. Erst daraufhin entschlossen sich die empörten Gesetzgeber des Bundesstaats, keine „pornographischen" Landmarken zu unterstützen.

Oklahoma

§ Im Abschnitt 363 der Stadtverordnung von Harthahome City wird es für illegal erklärt, eine hypnotisierte Person in einem Schaufenster abzustellen. *So etwas tut man auch nicht!*

Nebraska

§ Die Gesetze verbieten es den Friseuren in Omaha, einem Mann die Brust zu rasieren.

Nevada

§ In Las Vegas ist es verboten, Zahnprothesen zu verpfänden. *Was tut man nicht alles, wenn man pleite ist und unbedingt in Las Vegas weiterspielen will?*

New Hampshire

§ Ein Gesetz des Staates verbietet es, in einem Café, einer Kneipe oder in einem Restaurant im Takte der Musik mit den Kopf zu nicken, mit den Füßen zu klopfen oder der Musik auf irgendeine andere Weise Aufmerksamkeit zu widmen.

New York

§ In Greene ist es verboten, auf den Straßen rückwärts zu laufen und Erdnüsse zu essen, wenn ein Konzert stattfindet.

§ In der Stadt New York ist es untersagt, jemanden nur zum Spaß einen Ball gegen den Kopf zu werfen.

North Carolina

§ In den Straßen von Ashville ist das Niesen verboten worden.

§ Der Senat des Staates verabschiedete 2001 ein Gesetz, welches verbietet, in Gegenwart einer Leiche zu fluchen.

Ohio

§ Ein Gesetz in Portsmouth stellt Baseballspieler auf dieselbe Stufe wie Stadtstreicher, Diebe und andere zwielichtige Gestalten.

§ Ende 2001 schlug ein Ratsmitglied aus Cleveland vor, die bei Jugendlichen beliebten tief hängenden „Halbmast-Hosen" gesetzlich verbieten zu lassen. Träger

solcher Hosen sollten mit einer spürbaren Geldstrafe belangt werden.
Die Gesetzesinitiative wurde nicht umgesetzt.

Rhode Island

§ In Newport darf nach Sonnenuntergang keine Pfeife mehr geraucht werden.

§ In der Stadt Province ist es verboten, an einem Sonntag Zahnbürste und Zahnpasta an denselben Kunden zu verkaufen.

South Dakota

§ Es ist gesetzlich verboten, in einer Käserei einzuschlafen.

§ Ferner ist es strengstens untersagt, sich in irgendeiner Form despektierlich über den Staat, seine Gesetze und/oder seine Polizei zu äußern.

Tennessee

§ Eine Person, die ein Duell verweigert hat, einen „Feigling" zu nennen, ist in Tennessee gesetzlich untersagt.

Texas

§ In Borger dürfen folgende Dinge nicht geworfen werden: Konfetti, Gummibälle, Feuerwerkskörper, Staubwedel und Peitschen. *Silvester muss dort ganz schön langweilig sein.*

§ Eine Verordnung bestimmt, dass eine Person mindestens zwei Rinder besitzen muss, bevor sie in aller Öffentlichkeit Cowboystiefel tragen darf.

§ In Clarendon ist es verboten, in einem öffentlichen Gebäude mit einem Federstaubwedel abzustauben.

§ Ein texanisches Gesetz verbietet den Besitz von Kombizangen.

§ Nach einer Verordnung dürfen nur solche Personen barfuß gehen, welche zuvor eine spezielle Erlaubnis für 5 US-Dollar erworben haben.

§ Den städtischen Angestellten der Kleinstadt Argyle mit rund 2300 Einwohnern war es verboten, während der Arbeitszeiten zu tratschen und zu lästern. Erst im Jahr 2000 wurde diese Verordnung aufgehoben.

§ Laut Verfassung ist der Gouverneur des Staates verpflichtet, die Grenzen seines Staates gegen das feindliche Eindringen von Indianern und anderen räuberischen Banden zu sichern.
Bei einer Volksabstimmung stimmten die Texaner im Jahre 2001 dafür, den Paragrafen endlich aus der mehr als 100 Jahre alten Verfassung zu streichen.

Utah

§ In der Olympiastadt Salt Lake City ist es verboten, mit einer in einer Papiertüte verstauten Violine auf die Straße zu gehen.

Vermont

§ In diesem Bundesstaat wird per Gesetz verboten, was auch in Florida untersagt ist – und wahrscheinlich ohnehin kein Mensch schaffen dürfte: unter Wasser zu pfeifen.

Virginia

§ Keiner Person ist es auf dem Flughafengelände in Upperville erlaubt, auf einem Stuhl sitzend die Sonntagszeitung zu lesen, während ein Gottesdienst stattfindet.

Washington

§ In der amerikanischen Stadt Fairfax darf nur in Schlafzimmern geschlafen werden. Das Übernachten in anderen Räumen ist gesetzlich verboten.

West Virginia

§ In Nicholas County ist es Pfarrern gesetzlich untersagt, von der Kanzel aus Witze zu erzählen. *In der Kirche gibt es eben nichts zu lachen!*

Wisconsin

§ In Racine ist es illegal, einen schlafenden Feuerwehrmann aufzuwecken.
Da kann man nur hoffen, dass er nicht mit einer brennenden Zigarette eingeschlafen ist!

Contest of the best:
Die überflüssigsten Gesetze aus allen Bundesstaaten

Alabama

§ Ein Kind darf die Schule nicht besuchen, wenn es Mundgeruch hat und/oder nach „wilden Zwiebeln" riecht.

§ Wenn eine Eisenbahnstrecke eine Ortschaft passiert, die weniger als eine Meile entfernt ist und mehr als 100 Einwohner hat, muss die Ortschaft einen Bahnhof bauen, damit die Passagiere ein- und aussteigen können.

§ Im Zug zu dösen ist verboten.

§ Dem Staatsgesetz entsprechend darf niemand eine rote oder eine schwarze Flagge besitzen.

§ Wenn Sie im Theater einen Hut tragen, können Sie bestraft werden.

§ Überfahrene Tiere müssen nach Hause mitgenommen werden.

§ Unter Wasser ist das Flüstern verboten.

65

Alaska

§ Zwar ist es erlaubt, einen Bären zu erschießen, aber einen Bären aus dem Schlaf zu wecken in der Absicht, ein Foto von ihm zu machen, ist streng verboten.

Arizona

§ Jede Straftat, die mit einer getragenen roten Maske verübt wird, ist ein Kapitalverbrechen.

§ Nicht nur das Fällen einer Kaktee, sondern auch das Stutzen wird mit bis zu 25 Jahren Gefängnis bestraft.

§ Esel dürfen nicht in Badewannen schlafen.

§ Wenn Sie von einem Räuber oder Kriminellen angegriffen werden, dürfen Sie sich nur mit den gleichen Waffen verteidigen, über die der Angreifer verfügt.

§ Es ist ungesetzlich, einer Person ein Glas Wasser zu verweigern.

Arkansas

§ Hier verbietet ein Gesetz, dass Lehrer, die eine Bubikopf-Frisur tragen, eine Gehaltserhöhung bekommen.

§ Krokodile dürfen nicht in Badewannen gehalten werden.

§ Bei Wahlen darf ein Wähler maximal fünf Minuten brauchen, um seine Stimme abzugeben.

Kalifornien

§ Den Bewohnern des Bundesstaates wird per Gesetz Sonnenschein garantiert.
Nachdem das Gesetz zunächst lediglich für die Stadt San Francisco Geltung hatte, wurde es angeblich auf den ganzen Staat ausgeweitet.

§ In einem Umkreis von 450 Metern von Gaststätten, Schulen oder Arbeitsplätzen ist es allen Tieren verboten, mit der Öffentlichkeit in Berührung zu kommen.

§ Es ist verboten, aus einem fahrbaren Untersatz nur zum Spaß auf irgendwelche Ziele zu schießen. Es sei denn, das Ziel ist ein Wal.

§ Das Fahren mit einer Haushaltsschürze ist Frauen verboten.

§ Fahrzeuge ohne Fahrer dürfen nicht schneller als 96 Kilometer pro Stunde fahren.

§ Die meisten Tiere dürfen nicht als Haustiere gehalten werden, zum Beispiel Schlangen, Elefanten und Faultiere.

§ In Tierkäfigen müssen Eidechsen und Schlangen unter den gleichen Bedingungen wie Hunde und Katzen gehalten werden.

Colorado

§ Autohändler dürfen ihre Fahrzeuge an Sonntagen nicht ausstellen und nicht bewerben.

§ Liquor Stores (Schnapsläden) dürfen keine Lebensmittel verkaufen. Lebensmittelgeschäfte dürfen überhaupt keinen Alkohol verkaufen, mit Ausnahme von Bier – aber nur dann, wenn der Gerstensaft weniger als 3,2 Prozent Alkohol aufweist.

§ An Feiertagen und Sonntagen ist der Verkauf von Alkohol generell verboten.

§ Wer Grippe hat oder erkältet ist, darf kein Pferd reiten.

Connecticut

§ Die Polizei darf Sie anhalten, wenn Sie mit dem Motorrad schneller als 65 mph fahren.

§ Es ist nicht erlaubt, gebrauchte Rasierklingen wegzuwerfen.

§ Nach 20 Uhr oder an Sonntagen ist er verboten, Alkohol zu kaufen.

§ Eine Handfeuerwaffe auf einer öffentlichen Bundesstrasse zu entladen ist verboten.

§ Niemand darf einen weißen Stock zum Schlagen benutzen, es sei denn, er ist blind.

Delaware

§ Sie dürfen nichts überfliegen, das Wasser enthält.
Außer, Sie haben ausreichend Vorräte an Getränken
und Lebensmitteln an Bord.

Florida

§ Frauen können bestraft werden, wenn sie beim Fri-
sörbesuch unter einer Trockenhaube einschlafen.
Der Salonbesitzer kann ebenfalls bestraft werden.

§ Ein Sondergesetz verbietet unverheirateten Frauen
an Sonntagen das Fallschirmspringen, oder sie riskie-
ren eine Festnahme, Geldstrafe und/oder Gefängnis.

§ Es ist verboten auf öffentlichen Plätzen zu singen,
wenn Sie nur Badekleidung tragen.

§ Ein Mann darf sich nicht in der Öffentlichkeit zeigen, wenn er keine Kleidung mit einem Gürtel
trägt.

§ Skateboard fahren ohne ausdrückliche Erlaubnis ist
verboten.

§ Es ist verboten, mehr als drei Teller täglich zu zer-
schlagen oder die Ränder von mehr als vier Tassen
oder Saucieren kaputt zu machen.

§ Pferdediebstahl wird mit Tod durch Erhängen
bestraft.

§ Es ist verboten, eine von Fuhrwerken benutzte Straße zu blockieren.

Georgia

§ Es ist illegal, sich in Anwesenheit eines Toten,
der beim Bestattungsunternehmer oder im Leichen-
schauhaus aufgebahrt liegt, unchristlich zu benehmen.

§ Wenn Sie durch aggressive Worte eines Angreifers
provoziert werden, können Sie im Falle eines Duells
die Wahl der Waffe für sich reklamieren.

§ Während die Staatsversammlung tagt, können deren
Mitglieder nicht für eine Geschwindigkeitsübertre-
tung bestraft werden.

§ Affen dürfen nicht in Waschbecken gehalten werden.

§ Unterschriften müssen unbedingt in Englisch geschrieben werden.

§ Sonntags dürfen Sie keine Eiscreme in Ihrem Rucksack transportieren.

Hawaii

§ Einwohner, die kein Boot besitzen, können bestraft werden.

Idaho

§ Das Fischen von einem Kamelrücken aus ist strengstens untersagt.

§ Wer auf den Boden eines öffentlichen Platzes spuckt, kann mit einer Geldstrafe bis zu 50 US-Dollar belangt werden.

§ Sonntags mit einem Karussell zu fahren ist eine ernsthafte Straftat.

Illinois

§ Wenn Sie andere heimlich belauschen, können Sie aufgrund Ihrer eigenen Aussage mit bis zu drei Jahren Gefängnis bestraft werden.

§ Sie müssen sich bei der Polizei melden, bevor Sie in einem Auto in eine Stadt einfahren.

§ Die englische Sprache darf hier nicht gesprochen werden.

Indiana

§ Zwischen Oktober und März darf nicht gebadet werden.

§ Das Verkaufen von Autos ist an Sonn- und Feiertagen untersagt.

§ Balancieren auf dem Bordstein ist strengstens verboten.

§ Jemand, der einen Vogel oder einen Hasen färbt, lakkiert oder das Aussehen des Vogels oder Hasen in

anderer Weise verändert, begeht eine Straftat.

§ Ein Schnapsladen darf keine kalten Erfrischungsgetränke verkaufen. Ebenso darf dort keine Milch und kein Milchshake angeboten werden.

§ Lebensmittelgeschäfte dürfen keine gekühlten Alkoholika verkaufen.

§ Niemand darf rückwärts in eine Parklücke fahren, weil es die Polizei daran hindert, das Nummernschild zu erkennen.

§ Im Bundesgerichtshof darf nicht geraucht werden. Es sei denn, der Gerichtshof tagt.

§ Das Fälschen von Schecks kann mit einer öffentlichen Auspeitschung von bis zu 100 Schlägen bestraft werden.

§ Jungen dürfen nicht auf Bäume klettern. Männer ab 16 Jahren, die auf Bäume klettern, können mit einer Geldstrafe belangt werden. Männer, die auf Bäume klettern, deren Äste über ein Nachbargrundstück reichen, können mit bis zu einem Monat Gefängnis bestraft werden.

§ Fußgänger, die nachts die Autobahn überqueren, dürfen keine Schlusslichter tragen.

§ Niemand darf einen Fisch nur mit der bloßen Hand fangen.

§ Männer dürfen in einer Bar nicht stehen.

§ Niemand darf einen Cocktail von der Bar an einen Tisch tragen. Dies darf ausschließlich der dort angestellte Kellner tun.

§ Freigetränke auf Kosten des Hauses sind illegal. Gastwirte, die gleichwohl Freigetränke anbieten, können damit bestraft werden, ein ganzes Jahr nur Milch und Wasser ausschenken zu dürfen.

§ In einer Bar kann das Trinken aus einer eigenen Flasche mit Gefängnis bestraft werden.

§ Sie müssen Ihr Getränk in ein Glas schütten.

§ Boshaftes Tratschen ist verboten.

§ Regierungsmitarbeiter, die in ein Duell verwickelt werden, können ihres Amtes enthoben werden.

§ Alle Männer zwischen 18 und 50 Jahren müssen an sechs Tagen im Jahr beim Bau öffentlicher Straßen und Wege mitarbeiten.

§ Schnurrbärte sind illegal, wenn der Träger die Neigung hat, ständig andere Menschen zu küssen.

§ Die Bettlaken in Hotels müssen exakt 99 Inches lang und 81 Inches breit sein.

§ Puppenspiel, Drahtseiltanz und akrobatische Veranstaltungen gegen Geld werden in Indiana mit einer Strafe von 3 US-Dollar bestraft, um unmoralische Veranstaltungen zu verhindern.

§ Einwohner ab 14 Jahren, die den Namen von Gott, Jesus Christus oder des Heiligen Geistes beleidigen oder in ihrem Namen fluchen, werde für jede Tat mit 1 US-Dollar bestraft. Die Höchststrafe für notorische Flucher und Lästerer kann sich auf 10 US-Dollar belaufen.

§ Um das Kartenspiel zu verhindern, wird jeder Kartenspieler in Indiana mit einer Strafe von 3 US-Dollar pro Kartenspielpackung bestraft.

§ Der Wert der Zahl Pi, mit der der Kreisumfang berechnet wird, beträgt exakt 4 und nicht etwa – wie es wirklich ist – 3,1415.
Behaupten Sie besser nichts anderes!

Iowa

§ Es ist ein Gesetzesverstoß, wenn jemand Drogen oder Rauschgift verkauft oder verteilt, ohne ein gültiges „Iowa-Drug-Tax-Stamp" (Steuerbanderole) zu besitzen.

Kansas

§ Das Staatsgesetz verbietet die Jagd auf Enten mit Hilfe von Maultieren. *Seit wann bitte apportieren Maultiere denn?!*

§ Wenn sich zwei Züge auf der gleichen Schiene treffen, darf keiner von beiden weiterfahren, bevor nicht der andere passiert hat.

Kentucky

§ Jede Person, die eine Reptilienart während einer religiösen Versammlung oder religiösen Dienstleistung zur Schau stellt, damit umgeht oder sie benutzt, soll mit mindestens 40 und maximal 100 US-Dollar bestraft werden.

§ In Kentucky ist das Fischen mit Pfeil und Bogen verboten.

§ Im Ohio River ist das Fischen ohne Indianer-Angel-Erlaubnis verboten.

§ Alle Bienen, die über das Staatsgebiet von Kentucky flogen oder in den Bundesstaat einreisten, sollten bis 1948 ein Zertifikat bei sich führen, das zweifelsohne nachwies, dass ihre Herkunft frei von ansteckenden oder infektiösen Krankheiten war.

Louisiana

§ Es ist verboten, eine Bank auszurauben und danach auf den Bankangestellten mit einer Wasserpistole zu schießen.

§ Auf öffentlichen Plätzen ist das Gurgeln verboten.

§ In Hotels und Motels ist es verboten, zu schnarchen, wenn andere Gäste dadurch gestört werden. Bei Zuwiderhandlung droht eine Geldstrafe.

Maine

§ Wer seine Weihnachtsdekoration bis zum 14. Januar nicht entfernt hat, wird bestraft.

§ Während ein Flugzeug fliegt, ist das Aussteigen verboten.

§ Es ist erforderlich, Gewehre mit in die Kirche zu nehmen, um nicht durch einen Indianerangriff überrascht zu werden.

Maryland

§ Im gesamten Bundesstaat dürfen keine Disteln angepflanzt werden.

Massachusetts

§ Nach dem Aufwachen dürfen Trauernde nicht mehr als drei Sandwiches essen.

§ Schnarchen ist verboten, solange nicht alle Schlafzimmerfenster geschlossen und ordentlich verriegelt sind.

§ Taxifahrer dürfen während einer Beförderungsfahrt keinen Sex auf den Vordersitzen haben.

§ Sonntags ist die Jagd verboten. Gefischt werden darf hingegen schon.

§ Es ist verboten, ins Bett zu gehen, wenn man zuvor kein Vollbad genommen hat.

§ In einer Stadt darf ein Maultier nicht im zweiten Stockwerk eines Hauses aufbewahrt werden, es sei denn, das Haus hat mindestens zwei Ausgänge.

§ Vor dem 1. Mai ist es verboten, weniger als 24 Enten auf einmal zu verkaufen. Außerdem ist es verboten, Hasen, Hühner oder Enten zu verkaufen, deren Aussehen durch künstliche Farbe verändert wurde.

§ Beim Bau eines Hauses darf niemand auf Stelzen arbeiten.

§ Es ist verboten, mexikanisches, texanisches oder indianisches Vieh auf öffentlichen Straßen zu treiben.

§ Auf dem Rücksitz eines Autos darf niemals ein Gorilla befördert werden.

§ Tätowieren und Piercen ist verboten.

§ Kinder dürfen zwar rauchen, aber keine Zigaretten kaufen.

§ Bei der Zubereitung einer Suppe aus Venusmuscheln dürfen keine Tomaten hinzugegeben werden.

§ Hexen und Quacksalber sind verboten.

§ Kugeln (von Waffen) dürfen nicht als Währung benutzt werden.

§ Die Zusammenarbeit mit der Kommunistischen Partei ist verboten.

§ Öffentliche Boxveranstaltungen sind ungesetzlich.

§ Das Beschädigen oder Zerstören eines Pfostens von einem Football-Tor wird mit 200 US-Dollar bestraft.

§ Das Verunstalten eines Milchkartons wird mit 10 US-Dollar bestraft.

§ Es ist illegal, eine Taube zu erschrecken.

Michigan

§ Für jeden Rattenkopf, der im Council abgeliefert wird, erhält man eine Belohnung von 10 Cents.

§ Wenn Sie einen Räuber in Ihrem Haus verletzen, hat er das Recht, Klage gegen Sie einzureichen.

§ In Anwesenheit von Frauen und Kindern dürfen Sie im Staat Michigan nicht fluchen.

§ Jede Person, die älter als zwölf Jahre und nicht vorbestraft ist, hat das Recht eine Waffe zu tragen. Dazu kann ein Waffenschein ausgestellt werden.

Minnesota

§ Wenn Sie eine Ente auf Ihrem Kopf tragen, dürfen Sie nicht nach Minnesota ein- oder ausreisen.

§ Sollten Sie ein Huhn auf dem Kopf tragen, ist die Ein- oder Ausreise nach bzw. von Minnesota ebenfalls verboten.

§ Motorrad fahrer müssen ein Hemd tragen. Von Helmpflicht ist hingegen nicht die Rede.

§ Alle Badewannen müssen Füße haben. *Wozu das wohl gut sein soll?!*

Mississippi

§ Viehdiebstahl wird mit Erhängen bestraft.

§ Im Umkreis von 50 Fuß eines Hauses dürfen keine Pferde gehalten werden.

§ Wenn ein Einwohner mit einem anderen Einwohner zusammenlebt, der/die nicht mit ihm verheiratet ist, oder eine sexuelle Beziehung mit diesem Einwohner hat, ohne mit ihm verheiratet zu sein, oder von einem solchen Verhältnis in seiner Nachbarschaft weiß, ohne es zu melden – der oder die kann mit einer Strafe in Höhe von 500 US-Dollar und/oder mit sechs Monaten Gefängnis bestraft werden.

§ Landstreicherei wird mit entweder 30 Tagen Gefängnis oder mit 200 US-Dollar bestraft.

§ Wenn Sie eine „unnatürliche Beziehung" mit jemanden haben, werden Sie mit maximal zehn Jahren Gefängnis und mit einer Geldbuße von 10 000 US-Dollar bestraft.

Missouri

§ Auf den Highways ist das Rasen erlaubt. Dieses Gesetz wurde aufgehoben.

§ Filme und Bücher über die historische Figur des Robin Hood sind verboten, da diese als kommunistische Propaganda angesehen werden könnten.

Montana

§ Wenn sieben oder mehr Indianer eine Straftat oder einen Überfall planen, ist es erlaubt, sie zu erschießen.
Das Gesetz wurde aufgehoben.

§ Verheiratete Frauen dürfen sonntags nicht alleine fischen gehen. Unverheirateten Frauen ist generell verboten, alleine fischen zu gehen.

§ Das Aufführen von Filmen, die verbrecherische Straftaten zeigen, ist verboten.

§ Wenn eine Frau die Post ihres Mannes öffnet, begeht sie ein Verbrechen.

§ Ein Schaf darf sich niemals alleine im Führerhaus eines Lastkraftwagens aufhalten.

Nebraska

§ Wenn Kinder in der Kirche rülpsen, können ihre Eltern dafür bestraft werden.

§ Das Jagen und Fangen von Walen ist verboten. *Übrigens: Auch Nebraska liegt nicht am Meer!*

§ Barbesitzer dürfen Bier nur dann verkaufen, wenn sie gleichzeitig einen Kessel voll Suppe kochen.

Nevada

§ Innerhalb Ihres Privatgrundstücks ist es erlaubt, jemanden aufzuhängen, wenn er Ihren Hund erschossen hat.

§ Das Kamelreiten ist auf der Autobahn verboten.

New Hampshire

§ Man darf seine Kleidung nicht verkaufen, um Spiel-schulden bezahlen zu können. Auch dürfen Frauen Männern keinesfalls ihre Kleidung anbieten, um Spielschulden begleichen zu können.

§ Sie dürfen nicht unter falschem Namen in ein Hotel einkehren.

§ Am Strand ist das Einsammeln von Seegras, Tang, Algen oder Muscheln verboten.

§ Rinder oder Kühe, die eine Straße überqueren, müs-sen über eine Vorrichtung verfügen, die ihren Kot einsammelt.

§ Das Bedienen von Maschinen ist an Sonntagen untersagt.

§ Wenn Sie an Sonntagen auf die Toilette gehen, dür-fen Sie während Ihrer Erleichterung nicht zum Him-mel schauen.

New Jersey

§ Die Selbstbedienung an Tankstellen ist verboten. Alle Tankstellen dürfen nur mit Servicepersonal

betrieben werden. Das Personal darf während der
Bedienung eines Kunden weder rauchen, alkoholi-
sche Getränke zu sich nehmen oder Sex mit dem
Kunden haben.

§ Auf Autobahnen ist das Parken unter Brücken verboten.

§ Während der Fischfangsaison ist Männern das Strik-
ken verboten.

§ Einem Polizist gegenüber die Stirn zu runzeln oder
mit den Augen zu blinzeln ist streng verboten.

§ Wenn Sie für eine Trunkenheitsfahrt bestraft wurden, dürfen Sie nie wieder ein Wunschkennzeichen
für Ihr Auto beantragen.

§ Niemand darf seine Suppe schlürfen. Gästen, die
dies trotzdem in einer öffentlichen Gaststätte tun,
darf die Suppe weggenommen werden, um sie
einem anderen Gast anzubieten.

§ Wenn eine Pferdekutsche abgespannt wurde, darf
ein Autofahrer nicht daran vorbeifahren.

§ Brieftauben dürfen während ihrer Tätigkeit weder
behindert noch aufgehalten werden.

New Mexico

§ Aus Shakespeares Werk „Romeo und Julia" wurden
per Gesetz 400 Worte mit eindeutig sexuellem
Inhalt entfernt.

New York

§ Bevor man Wäsche an der Wäscheleine aufhängen
darf, muss eine Genehmigung erworben werden.

§ Wenn Sie aus oder von einem Gebäude springen,
werden Sie mit dem Tode bestraft.

§ Eine New Yorker Ehe kann nur wegen „unüber-
brückbarer Differenzen" geschieden werden, wenn
beide Ehepartner damit einverstanden sind. Wider-
spricht ein Partner, muss der andere Partner beweisen, dass die Verweigerung der Zustimmung falsch
ist. Beweisen kann er dies mit dem „Beweis", dass

seit mindestens einem Jahr kein sexueller Verkehr mehr stattgefunden hat oder dass der andere Partner die Ehe gebrochen hat. Im Falle der gelungenen Beweisführung wird der die Ehescheidung verweigernde Partner für zwei bis drei Jahre hinter Gitter gesperrt.

§ Wenn Sie in einem Fahrstuhl fahren, müssen Sie mit niemandem reden, sollten die Hände falten und zur Tür schauen.

§ Ab 10 Uhr morgens dürfen keine Pantoffeln mehr getragen werden.

North Carolina

§ Singen ohne Noten ist strengstens untersagt.

§ Alle Paare, die in einem Hotelzimmer übernachten, müssen ein Zimmer haben, in dem die Betten mindestens 60 Zentimeter voneinander entfernt stehen. Sex im Raum zwischen den Betten ist verboten.

§ Sex auf einem Kirchengelände ist untersagt.

§ Oralsex verstößt gegen die menschliche Natur und ist deshalb strengstens verboten.

§ Eine Hochzeit kann annulliert werden, wenn einer der beiden körperlich schwach oder hilflos ist.

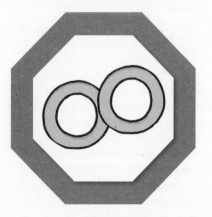

North Dakota

§ Solange ein Einwohner seine Schuhe an hat, darf er sich nicht hinlegen und einschlafen.

Ohio

§ Mit 25 US-Dollar wird bestraft, wer am Feiertag des „Decoration-Day" in der Nähe, das heißt im Umkreis von einer Meile, eines öffentlichen Redners Kricket spielt oder Hufeisen wirft.

§ Frauen dürfen in der Öffentlichkeit keine Lederschuhe tragen.

§ Sonntags ist das Angeln von Walen verboten.

§ Fischen Alkohol anzubieten oder sie damit zu füttern ist verboten.

§ Das Fahrschulgesetz von Ohio schreibt vor, dass Sie immer Ihre Hupe betätigen müssen, wenn Sie ein anderes Auto passieren. *Wenn das mal nicht zu Missverständnissen führt ...*

§ Das Teilnehmen an oder Veranstalten von Duellen ist verboten.

§ In der Öffentlichkeit dürfen Babys nicht mit der Brust gesäugt werden.

§ In einem Haus dürfen nicht mehr als fünf Frauen gemeinsam wohnen.

§ Die Missachtung von „wichtigen Gegenständen" wird mit 4000 US-Dollar bestraft. Wichtige Gegenstände sind die USA-Flagge, Denkmäler und Gedenktafeln in jeder Form, Indianer-Kunst, religiöse Kultgegenstände, Museen oder deren Inhalte, Gebäude und deren Inhalte, sofern es sich um indianisch genutzte Gebäude handelt.

§ Die Besitzer von Tigern müssen die Behörden innerhalb einer Stunde informieren, wenn ihr Haustier ausgebrochen ist.
Ist das nicht ein bisschen spät?!

§ Sonntags und am amerikanischen Nationalfeiertag (4. Juli) darf niemand verhaftet werden.
Wenn das mal kein Anreiz für Gauner ist!

§ Männer können verhaftet, eingesperrt oder bestraft werden, wenn sie Hunden Grimassen schneiden.

§ Hunde müssen eine vom Bürgermeister unterschriebene Erlaubnis vorweisen können, wenn sie sich auf einem privaten Grundstück zu einem Rudel von mehr als drei Hunden versammeln.

§ Vom Hamburger eines anderen ein Stück abzubeißen, ist verboten.

§ Während des Autofahrens ist das Lesen einer Comiczeitschrift verboten.

§ Die Hinterfüße von Tieren einer Farm dürfen nicht in Ihren Boots stecken.
Wie kommt man nur auf solche Ideen?

§ Die Einwohner müssen Steuern für ihre Möbel und das Eigentum ihrer Hausangestellten bezahlen.
Das Gesetz wurde aufgehoben.

§ Fahrzeuge müssen außerhalb von Gebäuden angeleint werden.
Das Gesetz wurde aufgehoben.

§ Oraler Sex ist hier nicht nur verboten, sondern wird bei Zuwiderhandlung mit 2500 US-Dollar und mindestens einem Jahr Gefängnis bestraft.

§ Prostituierte, die dafür bestraft wurden, Freier anzusprechen (das ist verboten), werden im Fernsehen mit Nennung des Namens und mit Foto gezeigt.

§ Wenn ein Mann (älter als 18 Jahre) mit einer Jungfrau (jünger als 18 Jahre) Sex hat, ist das vor dem Gesetz eine Vergewaltigung. War die Frau keine Jungfrau mehr, ist es erlaubt, wenn sie älter als 16 Jahre war. Wenn beide jünger als 18 Jahre sind, gilt das Gesetz nicht.

§ Tätowierungen sind verboten.

§ Das Spucken auf den Gehweg ist verboten.
Finden wir sehr gut!

§ Im Bett ist das Tragen von Schuhen verboten.

§ Auf dem Rücksitz eines Autos dürfen keine Papiertaschentücher liegen.

Oregon

§ Geschirr darf niemals feucht, sondern muss immer trocken sein.

§ Es ist Ihnen verboten, die Details Ihrer medizinischen Behandlung herauszufinden. Unabhängig ob diese Details gesprochen oder aufgeschrieben sind. Selbst ein Gericht hat dazu kein Recht. Alles, was Sie erfahren dürfen, ist das was Arzt oder Krankenschwester freiwillig auf Ihren Krankenschein schreibt.

§ Kauf und Verkauf von Marihuana ist verboten. Allerdings ist das Rauchen davon auf einem Privatgrundstück erlaubt. Ebenso ist der Anbau erlaubt, wenn die Anbaustelle von einer Wuchsreihe „natürlicher" Pflanzen eingesäumt ist.

§ Sonntags darf keine Eiscreme gegessen werden.

§ Das Baden in unpassender Badekleidung ist verboten. Passende Badekleidung ist ein Textil, das den Körper vom Hals bis zu den Knien bedeckt.

§ Dosenmais darf nicht als Köder beim Angeln benutzt werden.

§ Es untersagt, mit einem Kopfsprung in ein öffentliches Schwimmbecken zu springen. Beim Absprung muss eine Hand auf dem Startblock ruhen. Dann muss mit den Füßen zuerst ins Becken gesprungen werden. Ausnahme: der Startsprung bei einem Wettkampf.

Pennsylvania

§ Das Abfeuern von Pistolen, Gewehren, Kanonen oder anderen explosiven Waffen ist während einer Hochzeit verboten.

§ Es dürfen nicht mehr als 16 Frauen in einem Haus wohnen, da dies sonst ein Bordell darstellt. Allerdings dürfen bis zu 120 Männer in einem Haus wohnen, ohne sich strafbar zu machen.

§ Außerhalb eines Gebäudes darf nicht auf einem Kühlschrank geschlafen werden.

§ Jeder Fahrer, der nachts mit einem motorisierten Fahrzeug unterwegs ist, muss nach jeder gefahrenen Meile anhalten, ein Leuchtgeschoss in die Luft abfeuern und zehn Minuten warten, bis sich alle Lebewesen von der Straße entfernt haben.

§ Ein staatliches Reinigungsgesetz verbietet es Hausfrauen, Staub und Schmutz unter den Teppich zu kehren.

§ Singen in der Badewanne ist verboten.

§ Waffengeschäfte dürfen keine Waffen an Einwohner des Staates verkaufen.

§ Wer an einem Duell teilgenommen hat, kann nicht Gouverneur des Staates werden.

§ Wenn Ihnen als Autofahrer eine Herde Pferde entgegen kommt, müssen Sie die Straße verlassen, Ihr Fahrzeug mit einer Decke oder Plane bedecken, die farblich zum Gelände passt und die Pferde passieren lassen. Wenn die Pferde nervös werden, müssen Sie Ihr Fahrzeug Stück für Stück zerlegen und sich hinter dem nächsten Busch verstecken.

§ Hochzeiten dürfen nicht durchgeführt werden, wenn entweder die Braut oder der Bräutigam betrunken ist.

§ Sie dürfen höchstens zwei Kästen Bier auf einmal kaufen, es sei denn, Sie kaufen bei einem offiziellen „Bierhändler".

§ Schnapsläden dürfen lediglich vom Staat betrieben werden.

§ Fischfang mit Hilfe von Dynamit ist verboten.

§ Auf Ihrem Privatgrundstück dürfen Sie ohne Erlaubnis fischen. Das Jagen ist jedoch genehmigungspflichtig.

Rhode Island

§ Die Aufforderung zu einem Duell oder die Annahme eines Duells kann mit bis zu sieben Jahren Gefängnis bestraft werden – selbst, wenn das Duell nie stattfindet oder niemals stattgefunden hat.

§ Pferderennen oder Geschwindigkeitstests auf Autobahnen sind verboten und werden mit 20 US-Dollar
Geldstrafe und zehn Tagen Gefängnis bestraft.

§ Jede Arbeit, Beschäftigung, Sport, Erholung oder
Spielen, aber auch das Ermöglichen solcher Betäti-
gungen ist für Kinder, Lehrlinge und Diener an Sonntagen verboten. Die geringste Strafe bei Zuwiderhandlung liegt bei 5 US-Dollar. Im Wiederholungsfall
können 10 US-Dollar erhoben werden.

§ Jede Heirat wird annulliert, wenn einer der beiden
Ehepartner ein Idiot oder verrückt ist.

§ Wenn die Automatik eines Autos auf der Markierung „Neutral" steht oder beim Schaltgetriebe die
Kupplung ausgerückt ist, darf mit diesem Auto nicht
bergab gefahren werden.

South Carolina

§ Wenn Sie versehentlich jemanden töten, der damit
beschäftigt ist, sich selbst umzubringen, so ist dies
ein Schwerverbrechen.

§ Es ist erlaubt, seine Ehefrau an Sonntagen auf den
Stufen des Gerichtsgebäudes zu schlagen.

§ Pferdelose Wagen (also Autos) müssen 100 Fuß vor
einer unübersichtlichen Kreuzung anhalten und die
Fahrer müssen mit einer Feuerwaffe in die Luft
schießen, damit Pferde gewarnt sind.

§ Sonntags ist der Verkauf von alkoholischen Getränken nur in privaten Clubs erlaubt.
Dieses strenge Gesetz wurde erst im Jahre 2000
aufgehoben.

§ Das Umkehren und Wenden im Abstand von 300
Metern und näher zu einer Kreuzung ist verboten.

§ Sonntags dürfen keine Musikinstrumente verkauft
werden.

§ Sonntagsarbeit ist generell verboten. Auch, wenn
jemand an Sonntagen in seinen Privaträumen arbei-
tet, kann er dafür belangt werden. Lediglich der
Verkauf von Glühbirnen ist gestattet.

§ Tanzlokale dürfen an Sonntagen nicht öffnen.

§ In einer halben Meile Umkreis von einer Kirche dürfen nur Früchte verkauft werden.

§ Wahrsager brauchen eine spezielle Genehmigung des Staates.

§ Wenn ein Mann einer unverheirateten Frau die Hochzeit verspricht, muss er sie heiraten.

§ Sie dürfen keine obszönen Dinge zu einer Frau sagen. Dabei gilt die Nennung jedes Körperteils als obszön!

§ Die Flagge der Südstaaten darf nicht auf dem Gerichtsgebäude gezeigt werden.

South Dakota

§ Nur wenn Pferde Schuhe tragen, dürfen sie das Gasthaus „Fountain Inn" betreten.

§ In einer Käsefabrik ist es verboten, sich hinzulegen und einzuschlafen.

§ Filme, in denen Polizisten bedrängt, geschlagen oder in einer anderen Weise aggressiv behandelt werden, dürfen nicht aufgeführt werden.

§ Wenn sich mehr als fünf Indianer auf Ihrem Grundstück aufhalten, dürfen Sie diese erschießen.

Tennessee

§ Von einem fahrenden Auto aus dürfen nur Wale erlegt werden.

§ Hohle Baumstämme dürfen nicht verkauft werden.

§ Fische dürfen niemals mit einem Lasso gefangen werden.

Erst mal erwischen vor Lachen ...

§ Pferdediebstahl kann auch heute noch mit Erhängen bestraft werden.

§ Während Sie schlafen, ist es Ihnen untersagt, Auto zu fahren.

Texas

§ In Texas ist es verboten, Graffiti auf fremde Kühe zu sprühen.

§ Im Umkreis von Austin darf man nur dann barfuß gehen, wenn man eine Erlaubnis bei der Stadt erstanden hat. Der Schein kostet 5 US-Dollar.

§ Wenn Sie stehen, dürfen Sie nicht mehr als drei Schluck Bier auf einmal trinken.

§ Das Fahren ohne Scheibenwischer ist verboten. Eine Windschutzscheibe ist nicht vorgeschrieben, aber Scheibenwischer müssen sein.

§ Vom zweiten Stock eines Hotels aus dürfen keine Büffel erschossen werden.

§ Das Melken einer fremden Kuh ist verboten.

§ Ein kürzlich verabschiedetes Anti-Verbrechensgesetz verpflichtet Kriminelle dazu, ihre Opfer 24 Stunden vor der Tat über selbige zu informieren. Die Information kann mündlich oder schriftlich erfolgen und muss die geplante Tat erklären.

§ Wenn man von einem Polizisten beobachtet wird, darf man während der Fahrt keinen Alkohol trinken.

§ Die gesamte englische Lexikonausgabe „Encyclopedia Britannica" wurde in Texas verboten, weil sie eine Formel enthält, die erklärt, wie man zu Hause Bier brauen kann.

Schöne Grüße von Budweiser & Co.!

Utah

§ Von einem Pferd aus darf nicht gefischt werden.

§ Sobald eine Person 50 Jahre alt ist, kann er/sie seine/ihren Cousin/Cousine heiraten.

§ Wer keine Milch trinkt, macht sich strafbar.

§ Es ist verboten, nukleare Waffen zu zünden. Der Besitz allerdings ist erlaubt.

§ Vögel haben auf allen Straßen Vorfahrt.

§ Der Ehemann ist verantwortlich für alle Straftaten, die seine Frau begeht, solange sie in seiner Gegenwart stattfinden.

§ Restaurants dürfen Mahlzeiten zum Wein servieren, auch wenn ein Gast nur nach der Weinkarte gefragt hat.

§ Wenn ein Krankenwagen im Einsatz ist, darf im hinteren Bereich des Fahrzeugs unter keinen Umständen Sex stattfinden.

Vermont

§ Die Existenz Gottes zu leugnen, ist verboten.

§ Giraffen dürfen nicht an Telefonmasten festgebunden werden.

§ Frauen benötigen eine schriftliche Genehmigung ihres Gatten, wenn sie falsche Zähne tragen wollen bzw. müssen.

Virginia

§ Der Verkauf von Kopfsalat ist an Sonntagen verboten. Der Verkauf von Wein und Bier hingegen erlaubt.

§ Oralsex ist verboten. Analsex gilt als „tierisch" und ist deshalb ebenso untersagt.

§ Barfuß Auto fahren ist verboten.

§ Der Einbau von elektronischen Warngeräten vor Radarfallen der Polizei ist unter Strafandrohung von bis zu 5000 US-Dollar verboten. Kauf, Verkauf und Besitz sind nicht verboten.

§ Frauen zu kitzeln ist verboten.

West Virginia

§ Lollipops (Dauerlutscher) sind verboten.

§ Die US-amerikanische Flagge zu verschmieren ist verboten.

§ Sonntags dürfen keine Matratzen gekauft werden.

§ Alle Autos müssen tagsüber von einer Person, die eine rote Flagge schwenkt, begleitet werden. Nachts ist die rote Flagge durch eine Lampe zu ersetzen.

§ Es ist verboten, so zu tun, als ob die eigenen Eltern reich seien.

§ Babys mit der Brust zu stillen ist in der Öffentlichkeit verboten.

§ Sonntags ist der Verkauf von jeder Art Fleisch verboten.

Wisconsin

§ In den Gefängnissen des Staates darf nur echte Butter serviert werden.

§ Einwohner dürfen ihre Feinde nicht töten.

§ Für die Herstellung von Käse benötigt man eine Erlaubnis, für die Herstellung von Limburger Käse ist jedoch ein zusätzlicher „Master Cheese Maker"-Schein erforderlich.

§ Das Küssen während einer Zugfahrt, die weniger als zwei Stunden dauert, ist verboten.

Wyoming

§ Im Theater oder bei ähnlichen Aufführungen ist das Tragen von Hüten und von hohen Steckfrisuren, die die Sicht der anderen Besucher beeinträchtigen, untersagt.

§ Wenn Frauen in einer Bar etwas trinken, dürfen sie nicht weiter als fünf Fuß von der Theke entfernt stehen.

§ Nilpferde dürfen grundsätzlich nicht fotografiert werden – es sei denn, der Fotograf hätte deren ausdrückliche Erlaubnis.
Do You speak Hippopotamusish?

Es ist wirklich verrückt, was in den 50 nordamerika-
nischen Bundesstaaten so alles verboten war und ist.
Manchmal entzückt uns das wahrhaft kindliche
Gemüt der Gesetzgeber, so in Alaska, wo keine
Elche aus Flugzeugen geschubst werden dürfen, oder
in Texas, wo Besucher einer Bar keinesfalls mehr als
drei Schlucke Bier auf einmal trinken dürfen, solange
sie stehen.

Gesetze, Vorschriften und Verordnungen dieser Art
lassen uns schmunzeln und erinnern an die bereits
an anderer Stelle beschriebene Neigung des einst
von hemdsärmeligen Pionieren eroberten Kontinents, individuelle Vergehen und Delikte ein für alle
Mal als ungesetzlich auszuschließen und auf die Allgemeinheit zu übertragen, um „Wohlverhalten" zu
definieren.

Andere Verordnungen jedoch, an erster Stelle die
Regelung in Alabama, nach der kein Kind die Schule
besuchen darf, wenn es nach wilden Zwiebeln
riecht, verweisen durchaus auf ernste und nicht so
wohlgefällige Motive, wie die zweifellos rassistische
Haltung früherer Gesetzgeber in den südlichen Bundesstaaten. Denn diese Verordnung zum Beispiel
hatte zum Ziel, möglichst viele schwarze Kinder
vom Unterricht auszuschließen, deren Ernährung
eben vorwiegend auf dem Anbau „wilder Zwiebeln"
und anderer Feldfrüchte basierte.

Wie ein roter Faden jedoch durchzieht besonders
das puritanische Menschenbild und eine im tiefsten
Herzen reaktionäre Einstellung gegenüber dem
weiblichen Geschlecht viele Gesetze und Verordnungen. Dabei haben wir, um den Spaßfaktor bei der
Lektüre der „Verrückten Gesetze" zu erhalten, auf
einige Regelungen, die in manchen Staaten beispielsweise zur Definition einer Vergewaltigung dienen,
sogar verzichtet. Sie erinnern zu sehr an eine Zeit,
in der Pferden und Hunden mehr Rechte zugespro-
chen wurden als Frauen.

Gleichwohl mag die Einstellung zur körperlichen Liebe, zu Erotik und Sex als größte gesetzgeberische Triebkraft gelten. Das Verbot in Virginia, Frauen zu kitzeln, kann in diesem Zusammenhang erheitern. In beinahe jedem Bundesstaat (wir haben aufgrund der Gefahr ständiger Wiederholung irgendwann auf die Erwähnung verzichtet) findet sich jedoch auch das Verbot von oralem Sex. Aus dem Blickwinkel körper- und lustfeindlicher Honoratioren mag dieses Tun wahrhaft teuflisch erscheinen. Interessanterweise musste sich ausgerechnet ein amerikanischer Präsident aus Arkansas, wo er vor seiner Inauguration als Gouverneur tätig war, wegen dieser Verfehlung vor dem Kongress rechtfertigen. Vielleicht gerade deshalb, weil in seinem Heimat-Bundesstaat bis heute sogar das Flirten verboten ist.

Amerika – dir geht es auch nicht besser …

So entscheiden die Gerichte

Riesige Streitwerte und Schmerzensgeldklagen sind in den Vereinigten Staaten von Amerika mittlerweile an der Tagesordnung. Wenn das durchschnittlich karge Gehalt eines armen Rechtsanwalts aufgebessert werden kann, dann scheut das amerikanische Rechtssystem keine Mittel und Mühen. Lesen Sie im Folgenden nur neun kleine und relativ bescheidene Beispiele:

§ Eine Frau schnitt sich in die Hand, als sie versuchte, tief gefrorene Hors d'œuvres mit einem Messer zu trennen. Sie verklagte den Hersteller der Tiefkühlkost, den Verpackungsbetrieb und den Supermarkt, in dem sie das Paket gekauft hatte. Das Gericht sprach der Frau mehr als 120 000 US-Dollar Schmerzensgeld zu.

§ Eine Autofahrerin in New Jersey hatte ein europäisches Autofabrikat erworben. Das Fahrzeug war
mit einem in den USA üblichen Automatikgetriebe
ausgestattet. Nachdem es der Frau drei Mal passiert
war, dass der Wagen zügig rückwärts aus der Garage rollte – angeblich, ohne dass sie den Automatik-
hebel von der Stellung „Parken" auf die Position
„Normal" (Leerlauf) oder „Drive" (Fahren) verstellt
habe, krachte das Auto während eines Parkmanö-
vers auf einer stark befahrenen Straße rückwärts in
den Verkehr. Die Frau gab an, der Wagen habe sich
selbständig gemacht und sei „wie von einer Geister-
hand dirigiert" rückwärts gefahren. Das Gericht
glaubte der Frau und formulierte in seiner Begründung, es sei „wahrscheinlicher, dass ein europäisches
Autofabrikat von alleine losfährt und den Fahrer und
den Verkehr gefährdet, als dass die Fahrerin nicht
weiß, wie ein Automatikgetriebe bedient werden
muss".
That's it! Der Automobilhersteller musste für den
entstandenen Schaden aufkommen und der Frau
etwa 100 000 US-Dollar Schmerzensgeld bezahlen.
Wenn das nicht weh tut ...

§ Ein College-Student aus Idaho entschloss sich, anderen Studenten den Vollmond zu zeigen und streckte
zu diesem Zweck seinen blanken Hintern aus dem
Fenster des Studentenwohnheims. Dabei verlor er
das Gleichgewicht und stürzte vier Stockwerke tief.
Als er sich von seinen schweren Verletzungen erholt
hatte, verklagte er die Universität, die ihn vor den
Gefahren, die das Wohnen im vierten Stock eines
Gebäudes mit sich bringt, rechtzeitig hätte warnen
müssen.

§ Ein inhaftierter Einbrecher verklagte die Anstalt, in
der er einsaß, auf die Zahlung von 35 000 US-Dollar,
weil ihm nicht mehr ganz frische Obsttörtchen ser-

viert wurden. Ein anderer Insasse reichte eine Klage gegen das Gefängnis ein, da ihm während seiner Zeit in Einzelhaft kein Deodorant zur Verfügung gestellt worden sei. Ein dritter Strafgefangener hingegen verklagte seine Anstalt, weil in seinem Schlafsaal lediglich 36 Kabelprogramme empfangen werden konnten.

Alle drei Klagen waren von den Gerichten angenommen worden.

§ Der US-amerikanische Brauereikonzern Anheuser-Busch Companies („Gimme a Bud!") wurde einst von einem Mann auf 10 000 US-Dollar Schadenersatz wegen irreführender Werbung verklagt. Der Kläger behauptete, an schweren körperlichen und geistigen Schäden zu leiden. Der Werbung zufolge müsse er nach dem Genuss des Biers Erfolg bei Frauen haben.

Dieser Klage wurde nicht stattgegeben.

§ In Lake Worth/Florida verklagten die Behörden ein Geschäft, das Rollstühle verkauft. Hintergrund: Es gab keine Parkplätze für Behinderte.

§ 2,5 Millionen US-Dollar Schadenersatz schließlich verlangte eine Verbraucherin aus Santa Rosa in Kalifornien von einer Brauerei. Sie habe schwere körperliche Schäden davongetragen, so die Konsumentin, weil ihr ein voller „Sixpack" Bier auf den Fuß gefallen war.

Die Richter empfanden diese Forderung allerdings als stark überzogen und befanden, dass 475 000 US-Dollar als Entschädigung vollkommen ausreichten.

§ Eine 108 Kilogramm schwere Frau hat sich in San Francisco das Recht auf eine Anstellung als Fitnesstrainerin vor Gericht erstritten. Die 1,73 Meter große Frau war von einer Fitness-Kette aufgrund ihres Übergewichts als Trainerin abgelehnt worden. Daraufhin legte die 38-Jährige bei der Menschenrechtskommission in San Francisco Beschwerde ein und musste als Trainerin akzeptiert werden. Eine Nichtanstellung wäre ein klarer Fall von Diskriminierung, hatten die Rechtsberater der Kommission geurteilt.

§ Im Jahre 2005 wurde ein japanischer Autohersteller in den USA von einer Autofahrerin verklagt, weil sie sich bei einem Unfall verletzt hatte. Die Frau, die nicht angeschnallt war, gab dem Autokonzern die Schuld, da dieser sie nicht auf die Notwendigkeit eines Anschnallgurtes hingewiesen hätte. Sie sei niemals, so schwor sie vor Gericht, darauf hingewiesen oder darin unterrichtet worden, wie ein Sicherheitsgurt funktioniere. Daher habe sie ihre Gesundheit auch nicht schützen können.

Australien

§ Eine lebenslange Haftstrafe beträgt exakt 25 Jahre.

§ In Victoria ist es nur staatlich zugelassenen Elektrikern erlaubt, eine Glühbirne zu wechseln.

§ Auf offener Straße ist das Tragen von schwarzer Kleidung, Filzschuhen und schwarzer Schuhcreme im Gesicht strengstens verboten.
So haben „Katzenfänger" ihr Unwesen getrieben.

§ Kinder dürfen Zigaretten zwar rauchen, aber keine Zigaretten kaufen.

§ Kein Autofahrer darf seine Autoschlüssel in einem unbeaufsichtigten Fahrzeug lassen.

§ Auf Fußwegen muss man links gehen.

§ Die Regeln der „Australian Communications Authority" (ACA) besagen, dass ein Modem nicht sofort beim ersten Klingelton antworten darf. Dies wurde im Telecommunications Act 1991 festgelegt. Sollte dies dennoch der Fall sein, ist die Genehmigung für Ihr Modem ungültig und die Strafe für das Benutzen eines nicht genehmigten Modems kann eine Summe von 12 000 kanadischen Dollar bedeuten.

§ Um ein Bündel Heu im Kofferraum zu befördern, ist ein Taxi erforderlich.

§ Bars müssen die Pferde ihrer Kunden unterstellen, füttern und mit Wasser versorgen.

§ Das gesetzliche Mindestalter für Sex beträgt 16 Jahre. Es sei denn, die Person befindet sich in der Obhut einer älteren Person. Dann liegt das gesetzliche Mindestalter bei 18 Jahren.
Und wann genau ist man dort volljährig?

§ Sex mit einem Känguru ist nur dann erlaubt, wenn man betrunken ist.

Kanada

§ Hier ist es verboten, ein Flugzeug während des Fluges zu verlassen.
Die Fluggesellschaft „Air Canada" wurde von einem Ehepaar auf 5 Millionen kanadische Dollar Schadenersatz verklagt, weil die Katze des Paares während eines Fluges verloren ging. Der Kläger argumentierte überzeugend: „Mit geht es um die Sache, nicht um das Geld."

§ In der kanadischen Provinz Nova Scotia (Neuschottland) ist es verboten, den Rasen während eines Regenschauers zu wässern.

§ Ein Restaurant- oder Hotelbesitzer kann inhaftiert werden, wenn er keine Unterkünfte für berittene Gäste vorweisen kann.

§ In Kanada ist es strengstens verboten, ohne „lebenssicherndes Gerät" aus einem Flugzeug zu springen.

§ Ein kanadisches Gesetz legt fest, dass zwei verschiedene Schiffe auf einem Gewässer nicht zur selben Zeit dieselbe Position haben können.

§ Wenn die Vorhänge nicht zugezogen oder die Rollläden nicht heruntergelassen sind, darf sich in Winnipeg niemand nackt in seinem eigenen Haus bewegen.

Asien

Bhutan

§ Einem Gesetz in Bhutan zufolge darf ein jüngerer Bruder erst dann seine Unschuld verlieren, wenn sein älterer Bruder sie verloren hat. Der jüngere Bruder darf auch nicht heiraten, bevor ein älterer Bruder geheiratet hat.

§ Wer in Buthan die Universität besuchen will, muss intelligent sein und dies nicht nur durch Zeugnisse und Zertifikate, sondern auch durch Aussagen von Familienmitgliedern und Lehrern schriftlich belegen.

China

§ In China ist pro Familie nur ein Kind erlaubt. Wenn eine Familie mehr Kinder bekommt, muss sie dafür ein Bußgeld bezahlen.
Na ja, so verrückt ist dieses Gesetz vielleicht gar nicht, wenn man in Betracht zieht, das China schon heute etwa 1,3 Milliarden Menschen zählt ...

§ Chinesen, die nicht miteinander verheiratet sind, dürfen per Gesetz nicht zusammen leben. Mit diesem 2001 verabschiedeten Gesetz will die Regierung die gängige Praxis vieler Ehemänner unterbinden, zeitweise bei ihrer Geliebten zu wohnen.

§ Hunde stehen in der chinesischen Metropole Shanghai unter Hausarrest. Einer polizeilichen Verordnung zufolge dürfen Hundebesitzer mit ihren Lieblingen in der Innenstadt nicht mehr an öffentlichen Plätzen, Parks und auf den Straßen Gassi gehen. Das Ausgehverbot bezieht sich auch auf sämtliche Grünflächen und Wege in geschlossenen Wohnvierteln. Hunde dürfen nur noch ausgeführt werden, wenn sie zur Anmeldung bei den zuständigen Behörden vorgestellt oder vom Tierarzt untersucht werden müssen. Frauchen und Herrchen sind angewiesen, ihre amtliche Zulassung zum Hundebesitz sichtbar an der Haustür anzubringen.

Durch diese 2002 in Kraft getretene Verordnung soll die Stadt Shanghai sauberer werden. Das Halten von Hunden ist mit dem wachsenden Wohlstand in China immer populärer geworden. In Shanghai sind offiziell 60 000 Hunde registriert, die tatsächliche Zahl der Hunde liegt wahrscheinlich weitaus höher.

§ In Hongkong dürfen Lehrkräfte ihren geschwätzigen Schülern den Mund mit Pflastern zukleben, um sie zum Schweigen zu bringen.

§ In China dürfen ertrinkende Menschen nicht gerettet werden, da nicht in ihr Schicksal eingegriffen werden darf.

§ Einer Frau aus Xi'An, der Hauptstadt der Shaanxi-Provinz, ist es unmöglich, sich scheiden zu lassen, da sie ihr Heiratszertifikat verloren hat. Huang heiratete Li 1999, und will sich seit 2004 scheiden lassen. Ihr Ehemann zerriss jedoch aus Wut sein eigenes Zertifikat, nachdem Huang ihm mitteilte, sich scheiden lassen zu wollen.

In dem Heiratsbüro kann man zudem kein Zertifikat der beiden mehr finden – der einzige Weg wäre nun, ein neues Zertifikat zu erstellen, doch dafür müsste ihr Mann mitkommen. Huangs Ehemann weigert sich jedoch zu helfen. Nach dem chinesischen Gesetz kann man nur zusammen, nicht aber individuell Registrierungskopien anfordern, berichtet „Chinese Business View".

Indonesien

§ In Indonesien müssen sich Frauen, die in die Armee eintreten wollen, einem Jungfräulichkeitstest unterziehen.

Irak

§ Im Irak ist es gesetzlich verboten, an Sonntagen Schlangen zu verspeisen.

Israel

§ In Israel gibt es für einen Mann mit dem Namen Cohen keinen legalen Weg, eine geschiedene Frau zu heiraten.

Japan

§ Auch in Japan ist Sonnenschein gesetzlich garantiert. Deshalb durfte ein Hochhaus nicht gebaut werden, da sein Schatten zu lang gewesen wäre.

Mongolei

§ Wer die Milch einer trächtigen Kamelstute stiehlt, kann mit Auspeitschen bestraft werden.

Singapur

§ In Singapur ist seit 1992 Import, Herstellung und Verkauf von Kaugummis gesetzlich untersagt. Auslöser für das Gesetz waren mehrere Fälle, in denen Türen von Singapurs Untergrundbahn verklebt und blockiert wurden. Zudem befand die Regierung getrocknete Kaugummireste in Wohnanlagen und öffentlichen Plätzen für unansehnlich.

Heute gibt es in Singapur wieder Kaugummis – allerdings nur zuckerfreie Varianten aus Apotheken, die vom Arzt zu therapeutischen Zwecken verordnet werden. Die Lockerung des Verbots ist Ergebnis eines neuen Freihandelsabkommens zwischen Singapur und den USA.

§ Der Besitz von Rauschmitteln und Drogen wie Heroin, Kokain und Marihuana kann in Singapur mit der Todesstrafe geahndet werden. Die Gerichte unterstellen quasi automatisch, dass die Substanzen gehandelt werden.

§ In Singapur ist es verboten, in den Fahrstuhl zu pinkeln. Zuwiderhandlungen können mit einer Strafe bis zu 5000 US-Dollar geahndet werden.

Usbekistan

§ In Usbekistan ist Billardspielen per Gesetz verboten. Billard wurde 2002 von den Behörden untersagt, da das Spiel angeblich die Moral schwäche. Auch das nationale Billard-Team darf nicht mehr trainieren oder an Wettbewerben im Ausland teilnehmen.

Südamerika

Brasilien

§ In Brasilien hat eine Frau ihren Ehemann verklagt, weil sie sexuell nicht auf ihre Kosten kommt. Ihr Mann sei so egoistisch, so die 31-jährige, dass er sich nach seiner sexuellen Erfüllung nicht mehr um ihre Bedürfnisse kümmere.
Das Gericht gab der Klägerin aufgrund einer Verordnung des Landes Recht, wonach jeder Bürger ein „Recht auf sexuelle Erfüllung" habe.

Uruguay

§ Ein Gesetz in Uruguay legalisiert Duelle, sofern beide Teilnehmer Blutspender sind.
Wenn das mal nicht praktisch gedacht ist!

§ Ein Ehemann, der seine Frau mit einem Liebhaber im Bett erwischt, hat in Uruguay bei der Bestrafung die Qual der Wahl. Entweder kann er den Liebhaber samt untreuer Ehefrau umbringen oder aber ihren Liebhaber kastrieren. Angeblich erlaubt das Gesetz auch heute noch beide Varianten.

§ Verleumder und Intriganten, die andere Bürger aus niedrigen Beweggründen – sei es, um ihrem Ruf zu schaden oder durch das Übelreden einen Vorteil für sich selbst zu erzielen – schlecht machen, können dazu verurteilt werden, für den Zeitraum eines Jahres täglich zu einer festgelegten Uhrzeit auf einem öffentlichen Marktplatz erscheinen zu müssen. Dort können ihnen der Beklagte und seine Angehörigen die üblen Taten vorhalten und allen die Wahrheit berichten.

Afrika

Ägypten

§ Ein Gesetz im altertümlichen Ägypten besagte, dass einem Arzt beide Hände abgehackt werden müssten, wenn ein Patient während einer Operation starb.

Kenia

§ In Kenia existieren harte Strafen für Diebstahl. Für ein Huhn gibt es ein Jahr Gefängnis, für eine Ziege zwei Jahre und für eine Kuh gar sechs Jahre.

Nigeria

In vielen Staaten des afrikanischen Kontinents gelten noch die alten Stammesgesetze der ungezählten Völkerschaften. Diese Gesetze und Verbote muten mittelalterlich an, da sie für vergleichsweise durchschnittliche Delikte drakonische Strafen androhen und verhängen.

§ So gilt Ehebruch in Nigeria als Kapitalverbrechen und kann mit „Steinigen" der beiden Delinquenten geahndet werden. Das bedeutet, dass die Bewohner eines Dorfes so lange Steine auf das an einen Baum gefesselte Paar werfen, bis beide verstorben sind.

§ Auch ein Lügner oder Verleumder kann hart bestraft werden: mit dem Herausschneiden der Zunge.

§ Dieben und Räubern werden häufig die Hände bzw. Arme abgehackt.

Verrückte Gesetze der Alten Welt

Merkwürdige, peinliche, überflüssige oder schlichtweg dümmliche Gesetze und Verordnungen gibt es
indes nicht nur in den Vereinigten Staaten von Amerika. Auch in Europa, in Asien, Australien und in
Afrika existieren gesetzliche Bestimmungen, die
zumindest ein Kopfschütteln bei den Betroffenen
verursachen. Dabei können wir feststellen, dass
Deutschland nicht nur Exportweltmeister, sondern
auch Bürokratieweltmeister ist.

Vielleicht wissen Sie bereits, dass zwei Drittel der
gesamten Steuerrechtsliteratur in der Welt aus
deutschen Federn stammt, aus Federn, die von
deutschen Juristen- und Beamtengehirnen geführt
wurden.

Damit jedoch nicht genug: Der schon sprichwörtlich
gewordene „Antrag auf einen Antrag für die Aus-
händigung eines Antragsformulars zur Erteilung
einer Antragsbestätigung" ist Legende und, verzei-
hen Sie, wirklich „typisch deutsch". So finden Sie in
diesem Kapitel auch einige wunderschöne Beispiele
für den tiefen (Un-)Sinn deutscher Bürokratenlitera-
tur, der in Verordnungen und „Ausführungsbestimmungen" seinesgleichen sucht. Dies ist auch der
Grund, warum wir deutschen Gesetzen und Verordnungen in der Alten Welt eine herausgehobene Stellung bescheinigen.

Grundsätzlich gilt für alle Gesetze, Verordnungen,
Erlasse und Regelungen des menschlichen Zusam-
menlebens wohl uneingeschränkt der Satz des
Schriftstellers B. Traven („Der Marsch ins Reich der
Caoba"):

„Sobald der Dschungel begann, war derjenige
Behörde, der den besten Revolver hatte."

Dass der Revolver heutzutage natürlich nicht wörtlich
zu nehmen ist, versteht sich hoffentlich von selbst.

Da wiehert der deutsche Amtsschimmel

Voraussetzungen für eine Mietminderung

! Lärm im Treppenhaus berechtigt zur Mietminderung. Diese müssen Sie aber wegen unzureichender Schallschutzisolierung schnell beantragen. Denn wenn Sie zunächst einmal die Miete ohne Beschwerde in voller Höhe bezahlen, dann können Sie nach sechs Monaten die Miete nicht mehr mindern. Das bedeutet: An der fatalen Lage, die zum Verlangen der Mietminderung geführt hat, hat sich nichts geändert. Aber, wie sagen die Juristen: „Eine Frist schlägt das Ist!"

! Eine Mietminderung kann auch beantragt werden, wenn unmittelbar vor einem Mietshaus eine Baustelle aufgemacht wurde, beispielsweise, weil die Telefon-, Gas- oder Wasserleitungen wieder einmal verlegt werden müssen. Wenn dann die Bauarbeiterkolonne vor der Haustür starken Schmutz, Gestank und Lärm verursacht, kann dieser Grund für eine Minderung der Miete ausreichen.
Aber Vorsicht: Die deutsche Bürokratie wäre nicht die deutsche Bürokratie, wenn alles so einfach wäre. Die Gerichte stimmen einer Mietminderung meist nur dann zu, wenn alle drei „Belästigungsfaktoren" – Schmutz, Gestank und Lärm – zugleich zutreffen.

! Sie kennen das: Sie haben da einen Nachbarn gegenüber auf dem Grundstück, der einen zutiefst liederlichen Lebenswandel führt. Häufig kehrt er erst spät in der Nacht, oder sagen wir besser,

früh am Morgen, nach Hause zurück und will dann, wenn alles friedlich schläft und sich von der mühevollen Tagesarbeit ausruht, mit seinem hochgetunten Schlitten lautstark in die Garage fahren. Das Blechtor quietscht und schleift und scheppert, dass es eine wahre Freude ist! Gute Nachrichten für Sie: Wenn sich ein Garagentor nur mit erheblicher Geräuschentwicklung öffnen und schließen lässt, darf die Garage nachts nicht benutzt werden!

Aber Vorsicht: Da genügt nicht einfach die Behauptung, von wegen! Gerichte verfügen für gewöhnlich eine Ortsbesichtigung – oder in diesem Fall eine „Ortsbehörung" …

Gute Karten haben Sie aber, wenn besagter Herr in der Nachbarschaft mit seiner Begleitung tatsächlich einmal früher zu Hause ist, dann aber den „Höhepunkt" des Tages lautstark genießen will. Er sollte es nicht zu spät werden lassen. Dies entschied nämlich jetzt ein deutsches Amtsgericht und wies den Beklagten darauf hin, dass „lautes Stöhnen beim Sexualverkehr eine unzumutbare Belästigung des Nachbarn" sei – zumindest zwischen 22 Uhr und 6 Uhr in der Früh.

Freizeitvergnügen

Mancher frönt in seiner Freizeit dem Umgang mit Tieren. Zumindest bei Bienen, Fischen, Hunden und Pferden sollte man die Verordnungen kennen.

! So wird nach deutschem Recht ein Bienenschwarm „herrenlos", wenn nicht der Eigentümer ihn unverzüglich verfolgt oder wenn der Eigentümer die Verfolgung aufgibt. Verfolgt ein Eigentümer seinen Bienenschwarm, so darf er bei der Verfolgung fremde Grundstücke betreten (Fundstelle: § 961 f. Bürgerliches Gesetzbuch – BGB).

! In Deutschland ist es im gesamten Bundesgebiet verboten, gefangene Fische, die über dem Mindestmaß liegen, in das Gewässer, aus dem man den Fisch „entnommen" hat, zurückzusetzen. Das heißt: Ein gefangener Fisch, der groß genug ist, muss gegrillt werden!

! „Nach dem Abkoten eines Hundes bleibt der Kothaufen grundsätzlich eine selbstständige bewegliche Sache, er wird nicht durch Verbinden oder Vermischen untrennbarer Bestandteil des Wiesengrundstücks, der Eigentümer des Wiesengrundstücks erwirbt also nicht automatisch Eigentum am Hundekot." (Fallbeispiel der Deutschen Verwaltungspraxis)

! Wenn Sie Pferdebesitzer sind, genügt es bei Gott nicht, lediglich über das Pferd an sich Bescheid zu wissen. Sie müssen sich besonders gut mit der „Hufsituation" des Vierbeiners auskennen und sollten ihn nicht einfach regelmäßig zu einem Hufschmied karren, wo er beschlagen wird, sondern sich schon einem Huforthopäden anvertrauen. Die gemeinnützige Organisation der Huforthopäden (DHG) proklamiert für sich immerhin folgendes Vereinsziel: „... den allgemeinen Wissensstand über den Pferdehuf und über die Prozesse, die zu Erkrankungen der Hufe und der Gliedmaßen führen, zu verbessern. Die Deutsche Huforthopädische Gesellschaft macht sich stark für eine Verbesserung der Hufsituation, durch eine Anhebung des Niveaus der Hufbearbeitung."

! Apropos „Grillen". Kaum eine Gemeinde in Deutschland, deren Gebiet ein Fluss durchkreuzt oder ein anderes zum Baden geeignetes Gewässer aufweist, kann auf eine „Öffentliche Grill- und Strandaufenthaltsverordnung" verzichten. Beamte

einer süddeutschen Kommune an der Isar (lat.: Isara – „die Reißende") haben mit penibler Wortwahl und semantischer Präzision für reißendes Gelächter unter jungen Leuten gesorgt. Darin heißt es zum Beispiel: „Das Grillen, also das zur Verkostung geeignete Erhitzen von Fleisch, Fisch, Gemüse, Brot und Maiskolben auf einem dafür hergestellten und geeigneten Gerät aus Eisen oder Metall, ist zwischen der Wassergrenze des Flusses Isar und dem Beginn der Vegetation durch Wiese, Wald oder anderweitigem Wildbewuchs strengstens verboten, sofern der Abstand zwischen Wassergrenze und Beginn der Vegetation weniger als 150 Meter beträgt. Wenn der Abstand mehr als 150 Meter beträgt, ist das Grillen von Nahrungsgut unter Umständen und bei Einholung einer Sondergenehmigung der Gemeinde in der Zeit zwischen 15. Juni und 30. September, täglich zwischen 14 und 21 Uhr, im gedachten ersten Drittel, vom Gewässer aus berechnet, gestattet."

! Die Rocky Horror Picture Show war ein Kassenschlager. Manche Rockfans haben den Straßenfeger gleich 10 oder 20 Mal im Kino gesehen und dabei kiloweise Reis durch die Logen geworfen – weil man das aus Spaß an der Freude eben so tut.
Achtung: Nach dem „Ordnungswidrigkeitengesetz" (OWiG) handelt es sich hierbei um eine „Belästigung der Allgemeinheit durch Werfen von kleinen Gegenständen bei Veranstaltungen". Kostenpunkt nach § 118: 20 Euro!

❗ In Deutschland ist es verboten, mit einer Pappnase, einem falschen Bart oder einem bemalten Gesicht an öffentlichen Versammlungen und Aufzügen teilzunehmen. Ein Verstoß gegen dieses Vermummungsverbot kann einen für zwölf Monate ins Gefängnis bringen oder eine Geldstrafe nach sich ziehen. Einzige Ausnahme: Teilnahme an Karnevalsumzügen oder Karnevalsveranstaltungen.

❗ Nach der „Feiertagsschutzverordnung" (FSchVO) können „öffentlich bemerkbare Arbeiten an Sonn- und Feiertagen" nach § 2 mit einer Geldbuße von mindestens 20 Euro belegt werden.

❗ Das Herz auf dem richtigen Fleck haben hingegen wohl die Richter vom Amtsgericht Oberammergau in Südbayern. So forderte eine schwäbische Touristin von der Gemeinde, in der alle 10 Jahre die berühmten Passionsspiele stattfinden, Schmerzensgeld und Schadenersatz in Höhe von 3000 Euro, weil sie sich beim Hinsetzen auf eine Parkbank ein Holzsplitter eingezogen hatte. Die Dame begründete ihre Klage damit, dass die Kommune ihre Parkbänke öfter kontrollieren müsste. Dem widersprach das Gericht mit dem Argument, keiner Stadt könne zugemutet werden, Bauhofmitarbeiter kontinuierlich mit „Sitzproben" zu beschäftigen.

❗ In den Bundesländern Baden-Württemberg und Bayern dürfen am Gründonnerstag, am Karfreitag und am Ostersamstag, beziehungsweise Ostersonntag sowie an allen anderen gesetzlichen Feiertagen ganztägig keine Tanzveranstaltungen durchgeführt werden.

❗ Und falls Sie es noch nicht wussten: Auf der Nordsee-Insel Helgoland ist Fahrrad fahren verboten. *Planen Sie dort also keinen Fahrradurlaub!*

Die Straßenverkehrsordnung

Vielleicht wissen Sie, dass die Zahl der Verkehrsto-
ten und bei Unfällen ernsthaft verletzten Personen
seit vielen Jahren kontinuierlich zurückgeht. Das ist
gut so und liegt besonders an den stark verbesser-
ten technischen Sicherheitsstandards in modernen
Kraftfahrzeugen, am wenigsten jedoch an den paral-
lel zur Verringerung dramatischer Unfallfolgen dras-
tisch erhöhten Bußgeldern der Straßenverkehrsordnung (StVO). Angeblich wird der Straßenverkehr ja
immer schlimmer und die Folgen immer brisanter
für die Allgemeinheit. So jedenfalls argumentieren
Politiker. Warum eigentlich? Ganz einfach: Weil stei-
gende Bußgelder die notorische Ebbe in den öffentlichen Kassen mildern und den stets klammen Stadt-
kämmerern Freudentränen in die Augen treiben.
Dazu einige Beispiele:

! Mindestens 10 Euro Bußgeld zahlt man heute nach
der Straßenverkehrsordnung für folgende Schwerverbrechen:
1. Unnötiges Laufenlassen des Motors
2. Lärmbelästigung durch lautes Türenschlagen
3. Unnötig schnelles Beschleunigen beim Anfahren
4. Mit quietschenden Reifen in eine Kurve fahren

! 15 Euro Bußgeld löhnt man dafür, dass man sein
Automobil quer parkt.
Arme Smart-Fahrer!

! Endlich einmal etwas Vernünftiges: 25 Euro Bußgeld muss ein Straßenverkehrsteilnehmer berappen,
der „schleicht". Die Definition des „Schleichens"
kann Fahrern unter Termindruck (als eigentlich so
ziemlich allen) allerdings nicht ausreichen. Konkret
heißt es: „Wer Tempo 50 fährt und 100 sind erlaubt,
kann zur Kasse gebeten werden."

! Ein Bußgeld muss jemand berappen, der nackt fährt. Nein, nicht fährt, sondern aussteigt. Denn am Steuer darf sich jeder zwar unbekleidet aufhalten, nicht jedoch nackig in einem öffentlichen Raum (zum Beispiel auf einer Straße). Dann nämlich verstößt er gegen die öffentliche Ordnung und darf sich von der Politesse 40 Euro „abknöpfen" lassen.

Wenn die es tatsächlich wagt, einem nackten Mann in die Tasche zu greifen …

! In einer Sternstunde der deutschen Straßenverkehrsordnung wurde festgelegt, was eine Parkscheibe ist, wie sie auszusehen hat und was damit zu tun und zu unterlassen ist. In § 13 StVO wird vorgeschrieben, dass sie elf Zentimeter breit und 15 Zentimeter hoch sein muss. Außerdem hat sie blau zu sein. Die Uhrzeitangabe muss im 24-Stunden-Format möglich sein. Auf ihrer Vorderseite sind keine Aufdrucke von Werbungen oder Ähnliches erlaubt, auf der Rückseite sehr wohl, da auch die StVO „weiß", dass Parkscheiben oft als nützliche Geschenke der Unternehmen und Parteien dienen.

Wo die Parkscheibe, mit der der Fahrer eines Kraftfahrzeugs anzeigt, wann er sein Auto an einem bestimmten Platz abgestellt hat, im Wagen zu liegen hat, ist nicht eindeutig festgelegt. In der Verordnung steht lediglich, dass sie „gut lesbar" sein muss.

Da lacht das Bürokratenherz und denkt sich: „Sehen Sie, genau das ist der Sinn einer Verordnung! Hätte man in der StVO genau vorgeschrieben, wo eine Parkscheibe zu liegen hat, dann wäre der folgende Fall nicht passiert!"

Da hatte nämlich ein Autofahrer seine Parkscheibe am hinteren Seitenfenster auf der Fahrerseite befestigt und prompt ein Bußgeld von einer Politesse erhalten, die argumentierte, dass es ihr bei einem Kontrollgang doch nicht zugemutet werden könne, die Parkscheibe auf der Fahrbahn abzulesen und sich

dazu in den fließenden Verkehr begeben und den Gefahren der Straße aussetzen zu müssen.

Wie dem auch sei: Mit aller deutscher Gründlichkeit beschäftigte sich zunächst ein Amtsgericht mit der Klage des Autofahrers gegen das Knöllchen – und zwei Grundsatzurteile deutscher Oberlandesgerichte folgten, die, man höre und staune, gegen die Argumentation der Politesse Stellung bezogen: Nein, so hieß es, wo die Parkscheibe in einem Auto zu liegen habe, sei nicht in der StVO festgelegt, nur gut lesbar müsse sie sein. – Wie lange wird es wohl dauern, bis die StVO um einen Paragrafen ergänzt wird, in dem exakt vorgeschrieben ist, dass eine Parkscheibe „in einem gut von der Fußgängerseite aus einsehbaren Bereich der Windschutzscheibe" zu liegen hat?

! Nach einer Meldung der Deutschen Presse-Agentur GmbH (dpa) vom 25. November 1997 wusste sich eine niederländische Autofahrerin aus Laren bei Hilveresum zu helfen. Polizisten hatten eine manipulierte Parkscheibe sichergestellt, deren Anzeige jede halbe Stunde automatisch weiter sprang.

Wie sich herausstellte, hatte die 54-jährige ein batteriebetriebenes Uhrwerk in die Parkscheibe eingebaut. Die Scheibe fiel zwei Polizisten auf, weil sie auffällig dick war. „Als die beiden nach einer halben Stunde noch einmal vorbeischauten, zeigte der Zeiger eine andere Zeit an", berichtete ein Polizeisprecher in Hilversum. Die Polizisten warteten daraufhin die Rückkehr der Wagenbesitzerin ab und stellten sie zur Rede.

Die Frau gab alles zu und erklärte den Beamten, dass sie in einem Geschäft auf der anderen Straßenseite arbeitete und nicht alle zwei Stunden zu ihrem Auto gehen wollte, um die Parkscheibe von Hand umzustellen. Kostenpunkt: 80 Gulden (heute rund 35 Euro).

Sozialgesetze

! Die Bundesagentur für Arbeit formuliert in einer exzellenten Betrachtung in einer Broschüre zum Kindergeld: „Welches Kind erstes, zweites, drittes usw. ist, richtet sich nach dem Alter der Kinder. Das älteste ist also das erste Kind. Das Zweitälteste das zweite Kind usw."
Ein Student, der die Beantragung von Kindergeld schriftlich erledigen wollte, wurde von dem zuständigen Behördenmitarbeiter aufgefordert, einen Nachweis zu erbringen, dass er nicht verstorben war. Daraufhin fuhr der Student, der von seiner Lebenspartnerin und seinem Kind getrennt in einer anderen Stadt lebte, zum Amt und stellte sich vor. Der Beamte erklärte dem verdutzten Mann, dass nicht seine sichtbare Existenz der Beweis für seine reale Existenz sei, sondern lediglich die Unterschrift auf einem noch nicht ausgefüllten Formular. Sollte er dieses hier und jetzt unterschreiben, sei die Sache erledigt.

! Ehefrauen, die ihren Mann erschießen, haben nach einer Entscheidung des Bundessozialgesetzbuches keinen Anspruch auf Witwenrente. *Könnte ja jede daherkommen!*
(Quelle: Verbandsblatt des Bayrischen Einzelhandels)

! Die Fürsorge umfasst den lebenden Menschen einschließlich der Abwicklung des gelebt habenden Menschen.
(Quelle: Vorschrift Kriegsgräberfürsorge)

! Besteht ein Personalrat aus einer Person, erübrigt sich die Trennung nach Geschlechtern. Soll heißen, dass nur eine Toilette benötigt wird ...
(Quelle: Informationsschrift des Deutschen Lehrerverbandes Hessen)

! § 1300 des deutschen Bürgerlichen Gesetzbuches (BGB) gestattet es Frauen, die von ihren Verlobten in einer so genannten „Beiwohnung" verlassen werden, für den geleisteten Sex Schadenersatz zu verlangen, sofern sie in einer gemeinsamen Wohnung (Beiwohnung) zusammengelebt haben.

Unfallverhütung

! Ein Unternehmen, das im Jahr 1980 einen technischen Kessel zur Erzeugung von Wärme betrieb, musste sich nach den damals geltenden Unfallverhütungsvorschriften richten, die schnell nachzulesen und nicht umfangreich waren. Heute hingegen existiert eine „Kesselverordnung" mit 43 technischen Vorschriften und 27 Regeln für die Rohrleitungen des Kessels.

! Die öffentliche Straßenreinigung ist nicht nur für die Erhaltung und Sauberhaltung öffentlicher Straßen, Grundstücke und Wege zuständig, sondern

auch für die Unfallverhütung auf diesen Flächen, beispielsweise durch die Beseitigung von Schnee und Eis, Geäst und Laub. Interessanterweise unterscheidet dabei die Stadt Nürnberg in einer „Verordnung über die Reinigung und Reinhaltung der öffentlichen Straßen und die Sicherung der Gehwege bei Schnee oder Glatteis in der Stadt Nürnberg, gemäß der Straßenreinigungsverordnung – StrRVO – vom 18. Oktober 1990 (Amtsblatt S. 367), zuletzt geändert durch Verordnung vom 26. Februar 2001 (Amtsblatt S. 92) nach „selbständigen" und „unselbständigen" Gehwegen. Lesen Sie selbst:

1. Öffentliche Gehwege im Sinne der Gehwegsicherungspflicht dieser Verordnung (§ 9 Nr. 2 und § 20) sind die für den Fußgängerverkehr sowie dem kombinierten Fußgänger- und Radfahrverkehr besonders bestimmten oder bereitgestellten, von der Fahrbahn abgegrenzte Teile öffentlicher Straßen und Plätze (unselbständige Gehwege und kombinierte Geh- und Radwege im Sinne des § 2 Nr. 1 b) sowie die selbständigen, nur dem Fußgängerverkehr dienenden öffentlichen Wege. Es ist ohne Belang, ob die Gehwege und die kombinierten Geh- und Radwege besonders befestigt oder gezeichnet sind.

2. Bei öffentlichen Straßen ohne eine für den Fußgängerverkehr abgegrenzte Fläche gilt der Rand der Straße in der für die Benutzung durch Fußgänger erforderlichen Breite – das sind in der Regel bei Ortsstraßen mit unbeschränktem Fahrverkehr etwa 1 Meter, bei Ortsstraßen mit beschränktem Fahrverkehr (Fußgängerzonen) etwa 2 Meter – als offizieller Gehweg.
„Von Belang" allerdings ist, dass lediglich „selbständige" Gehwege gepflegt werden müssen!
Weiß jetzt jeder, was selbständige Gehwege sind, oder gibt es noch offene Fragen?

Verfassungsrecht

! In Artikel 21 der Verfassung des Bundeslandes Hessen vom 1. Dezember 1946 findet sich auch heute noch (!) die Möglichkeit, einen Delinquenten zum Tode zu verurteilen. Im Einzelnen heißt es dort:

1. Ist jemand einer strafbaren Handlung für schuldig befunden worden, so können ihm auf Grund der Strafgesetze durch richterliches Urteil die Freiheit und die bürgerlichen Ehrenrechte entzogen oder beschränkt werden. Bei besonders schweren Verbrechen kann er zum Tode verurteilt werden.

2. Die Strafe richtet sich nach der Schwere der Tat.

3. Alle Gefangenen sind menschlich zu behandeln. Demgegenüber sieht das Grundgesetz in seinem Artikel 102 und in der Fassung von 1949 die Abschaffung der Todesstrafe vor: „Die Todesstrafe ist abgeschafft." (Grundgesetz der Bundesrepublik Deutschland, GG, Art. 102). Ferner gilt: „Bundesrecht bricht Landesrecht." (Grundgesetz der Bundesrepublik Deutschland, Art. 31.) Damit ist dieses Landesgesetz ungültig. Trotzdem steht es in der hessischen Verfassung ...

! Eigentlich ist die politische Staatsform der Bundesrepublik Deutschland die Demokratie. Da gibt es keinen Kaiser, König, keinen Fürsten oder Herzog, der mit „Eure Durchlaucht" anzureden und mit „Euer sehr ergebener Diener" zu verabschieden wäre. Gleichwohl existiert auch in der postmodernen Epoche das Delikt der Majestätsbeleidigung im Deutschen Strafgesetzbuch. Dort, in § 90, steht auf die Verunglimpfung des Bundespräsidenten eine Freiheitsstrafe von drei Monaten bis zu fünf Jahren: § 90 Verunglimpfung des Bundespräsidenten:

1. Wer öffentlich, in einer Versammlung oder durch Verbreiten von Schriften (§ 11 Abs. 3) den Bundespräsidenten verunglimpft, wird mit Freiheitsstrafe von drei Monaten bis zu fünf Jahren bestraft.

2. In minder schweren Fällen kann das Gericht die Strafe nach Ermessen mildern (§ 49 Abs. 2), wenn nicht die Voraussetzungen des § 188 erfüllt sind.

3. Die Strafe ist Freiheitsstrafe von sechs Monaten bis zu fünf Jahren, wenn die Tat eine Verleumdung (§ 187) ist oder wenn der Täter sich durch die Tat absichtlich für Bestrebungen gegen den Bestand der Bundesrepublik Deutschland oder gegen Verfassungsgrundsätze einsetzt.

4. Die Tat wird nur mit Ermächtigung des Bundespräsidenten verfolgt.

Steuerrecht

Zwei Drittel der Gesetze und Vorschriften zum Steuerwesen aller Staaten stammen aus Deutschland.

! So legt das „Gesetz über die Anpassung von Versorgungsbezügen" fest, dass es ist nicht möglich ist, den Tod eines Steuerpflichtigen als „dauernde Berufsunfähigkeit" im Sinne von § 16 Abs.1 Satz 3 EStG (Einkommensteuergesetz) zu werten und demnach den erhöhten Freibetrag abzuziehen.

! In Deggendorf zog ein Bauer den in einen Straßengraben geratenen Wagen eines Touristen heraus. Das Finanzamt schickte ihm einen Bußgeldbescheid über 29 Euro. Begründung: „Missbräuchliche Benutzung einer steuerlich befreiten landwirtschaftlichen Zugmaschine – pro Kilo Traktorgewicht 0,5 Cent".

Dienstrecht

Beginn und Ende einer Dienstreise sind penibel im „Bundesreisekostengesetz" festgelegt. Und auch an den eventuellen Tod eines Bediensteten auf einer Dienstreise wurde in den Kommentaren zum Gesetz gedacht, nämlich: Stirbt ein Bediensteter während einer Dienstreise, so ist damit die Dienstreise beendet.

Die Bundeswehrverwaltung geht in ihren Unterrichtsblättern sogar noch einen Schritt weiter: Der Tod stellt aus versorgungsrechtlicher Sicht „die stärkste Form der Dienstunfähigkeit" dar.

Ehemalige DDR-Gesetze

Deutsche Gründlichkeit und Formulierkunst in der Gesetzgebung und beim Erlassen von Verordnungen und Regelwerken – von der Wiege bis zu Bahre – zeichnet jedoch nicht nur die Bundesrepublik Deutschland aus, sondern auch das ehemalige Ostdeutschland. Und, siehe da, selbst fast zwei Jahrzehnte nach Mauerfall und Wiedervereinigung haben einige DDR-Gesetze bis heute überlebt – so die „Blütenbestäubungsordnung", in der geregelt wurde, wo die Imker ihre Bienenvölker zum Sammeln des Honigs kostenlos in freier Natur aufstellen dürfen oder die „Betriebsordnung für Pioniereisenbahnen", in der „das Betreiben von Eisenbahnen in Parkanlagen" festgelegt wurde.

Nach der Wiedervereinigung wurde zwar die Mehrzahl der bis zu 3600 Vorschriften aus dem DDR-Gesetzbuch durch neue Landesgesetze ersetzt. Dieser Prozess ist offenbar aber noch nicht vollständig abgeschlossen. Denn in Thüringen sind nach einem Bericht des Mitteldeutschen Rundfunks mit 28 Vorschriften besonders viele Rechts-Überbleibsel aus

DDR-Zeiten immer noch gültig. In Sachsen gelten noch 15 und in Sachsen-Anhalt 13 DDR-Paragrafen und Vorschriften fort. In Brandenburg betrifft dies 17 und in Mecklenburg-Vorpommern sieben Paragrafen, so meldet der Sender.

Bedauerlich ist zumindest, dass heute niemand mehr in Deutschland etwas von der „Verordnung über das Tragen der Ehrenzeichen zu staatlichen Auszeichnungen vom 19. April 1978" nach dem „Sonderdruck Nr. 952 des Gesetzesblattes der DDR" wissen will. Für „das Tragen der Ehrenzeichen zu staatlichen Auszeichnungen gemäß § 3 Abs. 5 des Gesetzes vom 7. April 1977 über die Stiftung und Verleihung staatlicher Auszeichnungen (GBl. I Nr. 10 S. 106) wurde darin nämlich folgendes erschöpfend verordnet:

1. Ehrenzeichen (Orden und Medaillen) zu staatlichen Auszeichnungen werden in der Regel an einer Spange getragen. Zu dem Ehrenzeichen kann eine Interimsspange gehören. Trifft das nicht zu, so ist die Spange zum Ehrenzeichen zugleich Interimsspange.

2. Ehrenzeichen werden an Staatsfeiertagen und an Ehrentagen der jeweiligen Bereiche getragen. Zu besonderen Anlässen ist das Tragen der Ehrenzeichen im Einzelnen festzulegen.

3. Mehrfach Ausgezeichnete sind berechtigt, nur das Ehrenzeichen der höchsten ihnen verliehenen staatlichen Auszeichnung zu tragen.

4. Die Interimsspangen können ständig getragen werden.

Und in § 2 hieß es weiter:

1. Die Ehrenzeichen oder Interimsspangen sind in der Reihenfolge anzulegen wie in der Anlage angeführt.

2. Die Ehrenzeichen oder Interimsspangen zu staatlichen Auszeichnungen, die nicht mehr verliehen werden und die nicht in der Anlage aufgeführt sind, sind entsprechend der in der Anlage festgelegten Rangfolge einzuordnen.

3. Der ‚Karl-Marx-Orden' und die Medaille ‚Goldener Stern' zum Ehrentitel ‚Held der Deutschen Demokratischen Republik' werden in der Mitte über allen Ehrenzeichen oder Interimsspangen getragen.

4. Von den weiteren staatlichen Auszeichnungen kann das Ehrenzeichen der jeweils höchsten Auszeichnung einzeln in der Mitte über allen Ehrenzeichen oder Interimsspangen getragen werden.

5. Werden mehrere Ehrenzeichen zu gleichrangigen bereichsspezifischen staatlichen Auszeichnungen getragen, so hat das Ehrenzeichen des Bereichs, in dem der Ausgezeichnete tätig ist, den Vorrang.

6. Wurden einem Ausgezeichneten mehrere Stufen oder Klassen einer staatlichen Auszeichnung verliehen, so braucht nur das Ehrenzeichen der höchsten verliehenen Stufe oder Klasse getragen zu werden. Beim Tragen der Ehrenzeichen aller Stufen oder Klassen einer staatlichen Auszeichnung sind diese unmittelbar nacheinander einzuordnen.

7. Es können bis zu 5 Ehrenzeichen oder Interimsspangen in einer Reihe angeordnet werden.

8. Das Tragen der Ehrenzeichen kann für Angehörige der bewaffneten Organe der Deutschen Demokratischen Republik sowie für Beschäftigte in Bereichen, in denen Dienstbekleidung getragen wird, unter Berücksichtigung dieser Verordnung in den Dienstvorschriften weiter ausgestaltet werden.

Jedes Schulkind in Deutschland weiß heute, dass in der ehemaligen DDR auch der Schutz der Staatsgrenze mit juristischer Gründlichkeit und Akribie beschrieben und gesetzlich festgelegt wurde. Dies geschah unter anderem auch mit der „Durchführungsverordnung zum Gesetz über die Staatsgrenze der Deutschen Demokratischen Republik (Grenzverordnung) vom 25. März 1982. Darin wurde auch, man höre und staune, die so genannte „Wohnsitznahme" im Schutzstreifen oder in der Sperrzone der Grenze festgelegt. Wollte hier jemand wirklich eine Wohnung in Besitz nehmen? Jedenfalls stand da zu lesen:

Auf der Grundlage des § 40 den Grenzgesetzes vom 25. März 1982 (GBL I, Nr.1 S 197) wird Folgendes verordnet:

§ 3 Wohnsitznahme

1. Zur Wohnsitznahme im Schutzstreifen oder in der Sperrzone ist eine Zuzugsgenehmigung erforderlich.

2. Anträge zur Erteilung einer Zuzugsgenehmigung sind bei dem für den künftigen Wohnsitz zuständigen Rat der Stadt, des Stadtbezirkes oder der Gemeinde schriftlich zu stellen.
Seit dem 1. Juli 1968 galt in der DDR ein neues Strafgesetzbuch und eine neue Strafprozessordnung. Das Strafgesetzbuch trat an die Stelle des alten deutschen Strafgesetzbuches von 1871.
Damit ergab sich für die DDR-Oberen die Gelegenheit, aus dem eigentlichen Strafgesetzbuch ein politisches Strafgesetzbuch zu machen, das den überwiegenden Teil aller möglichen Straftatbestände mit politischen Intentionen verband, auch wenn dem nicht so war. So ließ bereits die Einführung in das StGB der ehemaligen DDR aufhorchen,

wenn es da hieß: „Das sozialistische Strafgesetzbuch ist Bestandteil des einheitlichen sozialistischen Rechtssystems der Deutschen Demokratischen Republik. Es dient im Besonderen dem entschiedenen Kampf gegen die verbrecherischen Anschläge auf den Frieden und die Deutsche Demokratische Republik, die vom westdeutschen Imperialismus und seinen Verbündeten ausgehen und die Lebensgrundlagen unseres Volkes bedrohen."

Kein Wunder, dass als strafbar besonders die "Verbrechen gegen die Souveränität der DDR", den Frieden, die Menschlichkeit und die Menschenrechte (§§ 85 bis 95), das ungenehmigte Verlassen der Republik, das je nach Umständen als „staatsfeindlicher Menschenhandel" (§ 105) oder „ungesetzlicher Grenzübertritt" (§ 213) verfolgt werden konnte. Strafbar war auch das Sammeln von „Nachrichten, die geeignet sind, die gegen die DDR oder andere friedliebende Völker gerichtete Tätigkeit von Organisationen, Einrichtungen, Gruppen oder Personen zu unterstützen" (§ 98).

Ferner konnte ein DDR-Bürger dafür bestraft werden, dass er sich zu „Organisationen, Einrichtungen, Gruppen oder Personen, die sich eine gegen die staatliche Ordnung der Deutschen Demokratischen Republik gerichtete Tätigkeit zum Ziel setzen, in Kenntnis dieser Ziele oder Tätigkeiten in Verbindung setzt" (§ 219). Straftatbestände wie „Sabotage" (§ 104) oder „staatsfeindliche Hetze" (§ 106) waren bewusst möglichst allgemein definiert.

Die Sprache der Juristen

Was bei Otto Normalverbraucher und Lieschen Müller manchmal zu großer Erheiterung führt, ist oftmals nicht nur der Gegenstand, mit dem sich Gesetze, Regelungen und Verordnungen beschäftigen, sondern besonders die Sprache, in der die Diener des Staates Sachverhalte und Zusammenhänge ausdrücken. Wir kommen häufig nicht umhin, da eine gewisse Umständlichkeit zu konstatieren und darüber hinaus die merkwürdige Scheu, genau das beim Namen zu nennen, was eigentlich gemeint ist und gemeinhin auf der Hand liegt. Kurzum: Juristen und Bürokraten, Paragrafenreiter und Rechtsverdreher reden gerne um den heißen Brei herum. Umso mehr begrüßen wir es, wenn einfache Dinge auch mit einfachen Worten definiert werden, so dass wirklich jeder versteht, was gemeint ist. Etliche Beispiele dafür finden sich im Deutschen Lebensmittelbuch, in dem für den Verbraucher Leitsätze zusammengefasst sind, in denen die Herstellung, Beschaffenheit und Merkmale von Lebensmitteln beschrieben werden:

! Margarine im Sinne dieser Leitsätze ist Margarine im Sinne des Margarinengesetzes.

! Gewürzmischungen sind Mischungen, die ausschließlich aus Gewürzen bestehen.
Punktum! Gott sei's gelobt! Wer hätte es gewusst?

Da werfen Originaltöne aus Urteilsbegründungen deutscher Juristen hinsichtlich der Präzision ihrer Formulierungen schon wieder einige Schatten auf ihr Ansehen:

! So stellte ein Oberlandesgericht fest, dass „das Lutschen eines Hustenbonbons durch einen

121

erkälteten Zeugen (...) keine Ungebühr im Sinne von § 178 GVG dar(stellt)".

! Ein Landgericht hob in einer Urteilsbegründung die Vorteile von Kunststofffenstern gegenüber Holz-fenstern hervor: „Kunststofffenster mögen zahlreiche Vorteile haben, insbesondere in Bezug auf War-tung und Pflege – Holz hingegen hat den Vorteil, nicht aus Kunststoff zu sein."

! Ein Ehemann hat in der Regel seinen Wohnsitz dort, wo sich seine Familie befindet, legte der Bundesgerichtshof höchstamtlich fest.

! Ein Verschollener hat seinen Wohnsitz hingegen bei der Ehefrau, befand ein Finanzgericht.

! An sich nicht erstattbare Kosten sind manchmal eben doch erstattbar, beschloss ein Landgericht: „An sich nicht erstattbare Kosten des arbeitsge-richtlichen Verfahrens erster Instanz sind insoweit erstattbar, als durch sie erstattbare Kosten erspart bleiben."

! In einem Verfahren über eine Beleidigungsklage in einem Nachbarschaftsstreit formulierte der Rechts-anwalt des Beklagten: „Mein Mandant hat geäußert, dass die Äußerung des Klägers, wonach mein Man-dant sich verleumderisch über den Lebenswandel des Beklagten geäußert habe, eine falsche Äußerung darstelle. Die Äußerung über die Veräußerung ver-botener Substanzen sei deshalb niemals gefallen." Wie vielfältig die deutsche Sprache doch sein kann!

! Dass Juristen überall tätig sind und nicht nur Gerichte, Parteien und Behörden bevölkern, son-dern auch in der staatlichen oder privaten Wirt-schaft für die Pflege der deutschen Sprache streiten,

belegt ein Merkblatt, in dem sich ein Rechtskundiger in Diensten der Deutschen Bundespost der Definition des Wertsacks verschrieben hatte. Darin heißt es: „Der Wertsack ist ein Beutel, der aufgrund seiner besonderen Verwendung nicht Wertbeutel, sondern Wertsack genannt wird, weil sein Inhalt aus mehreren Wertbeuteln besteht, die in den Wertsack nicht verbeutelt, sondern versackt werden."
Alles versackt, pardon – alles klar?

Europa

Belgien

§ Falls ein Autofahrer trotz Gegenverkehr wenden will oder muss, hat er solange Vorfahrt, bis er die Geschwindigkeit verringert oder anhält.

Dänemark

§ Auch Straßenverkehrsvorschriften in anderen Ländern können amüsant sein. So gibt es in Dänemark eine Verordnung, die besagt, dass kein Autofahrer sein Fahrzeug in Bewegung setzen darf, bevor er nicht den folgenden Check gewissenhaft durchgeführt hat. Sollte er dabei beobachtet werden, wie er sein Fahrzeug in Bewegung setzt, ohne den Check absolviert zu haben, ist eine empfindliche Geldbuße von umgerechnet rund 50 Euro möglich:
Bevor Sie in Dänemark mit Ihrem Auto losfahren, müssen Sie
1. alle Lichter
2. die Bremsen
3. die Lenkung
4. die Hupe auf Funktion prüfen.

5. Weiterhin müssen Sie „durch eine hierfür geeignete Sichtprüfung" sicherstellen, dass sich kein Kind unter Ihrem Fahrzeug befindet.

Falls Sie einmal einen dänischen Krimi ansehen sollten, bei dem schnell jemand in ein Auto springt und losbraust, kann es sich nur um einen Fehler handeln. Dieses Verhalten ist qua Gesetz in Dänemark verboten.

§ Wenn Ihr Fahrzeug eine Panne hat und Sie es am Straßenrand abstellen müssen, muss das Fahrzeug durch ein reflektierendes Warndreieck abgesichert werden. Die Absicherung ist jedoch nur im Fall einer Panne erlaubt.

§ Der Versuch, aus dem Gefängnis auszubrechen, ist nicht strafbar. Falls ein Ausbrecher bei seinem Ausbruchsversuch ertappt wird, muss er die Fortführung seines Ausbruchs einstellen und wird zu einer Verlängerung der Haftzeit um die Zeitspanne verurteilt, die er zur Vorbereitung und Planung des Ausbruchsversuchs benötigte.

Genial. Nur – wie soll die Planungszeit zuverlässig ermittelt werden?

§ Damit ein stehendes von einem parkenden Fahrzeug unterschieden werden kann, müssen alle fahrenden Fahrzeuge die Lichter einschalten.

§ Durch den Anbau eines Carports an einem Gebäude erhöht sich der Wert der Immobilie um den 15,5-fachen Wert der Anbaukosten.

§ Wenn der Tod einer Person nicht bei den Behörden gemeldet wird, kostete das bis vor einigen Jahren eine Strafe von 20 Dänischen Kronen (rund 2,70 Euro).

Estland

§ Hier ist es untersagt, während der körperlichen Liebe Schach zu spielen.

Frankreich

§ Zwischen 8 Uhr morgens und 8 Uhr abends muss mindestens 70 Prozent der im französischen Radio gespielten Musik von französischen Interpreten sein.

§ In französischen Zügen ist das Küssen verboten.

§ In ganz Frankreich ist es strengstens verboten, sich auf Bahnübergängen zu küssen. Diese Verordnung geht angeblich auf einen traurigen Vorfall zurück, bei dem in Südfrankreich ein junges Liebespaar von einem herannahenden Zug überrollt worden war.

§ Kein Schwein darf von seinem Besitzer den Namen „Napoleon" erhalten.

§ In der französischen Stadt Anibes ist es illegal, Polizisten oder Polizeifahrzeuge auf Fotos zu bannen.

§ Im September 2000 hat die Gemeinde Le Lavandou an der Côte d'Azur ihren Bewohnern kurzerhand das Sterben verboten. Grund für diese Verordnung war die Überfüllung des lokalen Totenackers – sterben durfte nur noch, wer einen bereits reservierten Platz auf dem Friedhof vorweisen konnte.
Tja, Sterben will geplant sein!

§ 1785 erließ der französische König Ludwig XVI. ein Dekret, in dem festgelegt wurde, dass innerhalb der Grenzen seines Reiches die Länge eines Taschentuches gleich seiner Breite zu sein habe. Bewirkt hatte diesen Erlass seine Gemahlin Marie Antoinette, die Anstoß an der Vielzahl unterschiedlich geformter Taschentücher genommen hatte. Die Königin hatte Sinn für Details. So soll sie auf die Nachricht eines Bediensteten, das Volk habe kein Brot zu essen, geantwortet haben: „Dann soll es doch Kuchen essen!"

Griechenland

§ In Griechenland war es bis vor kurzem verboten, in der Öffentlichkeit Videospiele zu spielen. Das Gesetz schließt Spiele auf Handys und Game Boys mit ein. Verstöße können mit bis zu 75 000 Euro Geldstrafe oder 12 Monaten Haft geahndet werden. 2002 verbot die griechische Regierung das Spielen an „elektrischen, elektrisch-mechanischen und elektronischen Geräten" in der Öffentlichkeit, um so die Spielsucht der Griechen einzudämmen. Noch im selben Jahr wurde das Gesetz wieder aufgehoben.

§ Ein Gesetz im alten Sparta regelte, dass jeder Junggeselle über 30 nicht mehr wählen und nicht mehr an den damals populären Nacktparties teilnehmen durfte.

Großbritannien

Im Vereinigten Königreich (United Kingdom) hat vieles Tradition und reicht zurück in altehrwürdige Zeiten. Dazu zählen einige Gesetze und Verordnungen nebst Ausführungsbestimmungen, die, wie in den Vereinigten Staaten von Amerika, immer noch in den Gesetzbüchern stehen. Angeblich existieren gut 4000 nationale, 11 000 kommunale und 13 000 zivilrechtliche Gesetze, die vor dem Jahr 1801 entstanden und nach wie vor rechtskräftig sind.
Einige der amüsantesten und/oder unglaublichsten haben wir ausgewählt.

§ Mitunter kann in Großbritannien das falsche Aufkleben einer Briefmarke schwerwiegende Folgen haben. Als „Landesverrat" gilt im Vereinigten Königreich nämlich, wer die Briefmarke mit dem Abbild der Königin oder des Königs kopfüber aufklebt, da dies als Ausdruck der „Despektierlichkeit" und „Kritik am Königshaus" gewertet werden kann.

§ Als Verräter kann auch (theoretisch) hingerichtet werden, wer in Großbritannien eine Münze verunstaltet.

§ In der britischen Stadt Leicester war es angeblich Juden bis zum Jahre 2001 verboten, ein Haus zu bewohnen oder zu kaufen.
Per Gesetz wurde von der Stadtregierung formell auf die knapp vor 800 Jahren in ihrer Satzung festgeschriebenen Verbannung von Juden verzichtet. Das Aufenthaltsverbot ging auf den Grafen von Leicester, Simon de Montfort, zurück, der im Jahr 1231 allen Juden verbot, sich in seiner Stadt niederzulassen. Mit dieser Erklärung wurde die Satzung jedoch rechtlich nicht als Ganzes aufgehoben.

§ Britischen Taxifahrern ist es auf allen öffentlichen Straßen verboten, ihr Fahrzeug zu verlassen. Sollte ein natürliches Bedürfnis das jedoch erfordern, so dürfen sie laut Gesetz gegen das Heck ihres Fahrzeuges urinieren, solange sich dabei eine Hand am Fahrzeug befindet.

§ In Maldon (Essex) und in der englischen Grafschaft Northumbria ist es verboten, einen Wurm als Angelköder auszugraben.

§ In London ist es illegal, Ehefrauen nach 21 Uhr zu schlagen.

Dieses Gesetz sollte dazu beitragen, die hohe Zahl der nächtlichen Ruhestörungen in London zu verringern.

§ Jeder Londoner Taxifahrer ist per Gesetz dazu verpflichtet, im Heck seines Fahrzeuges einen Heuballen aufzubewahren.

Als dieses Gesetz verabschiedet wurde, wurden die Londoner Droschken noch von Pferden gezogen. Bis heute wurde es noch nicht zurückgenommen.

§ Im gesamten Staatsgebiet von Großbritannien sind ausgestellte Strafmandate wegen falschen Parkens nur dann gültig, wenn der Beamte bzw. Mitarbeiter von Polizei oder Ordnungsamt bei der Erteilung des Bußgelds und beim Ausfüllen des Mandats eine Uniformmütze trägt.

Strafmandate dürfen in Großbritannien prinzipiell nur von Parküberwachern ausgestellt werden, die Uniform tragen. Dazu gehört auch die Mütze. Diese darf zwar bei großer Hitze abgenommen werden, muss aber beim Ausschreiben des Knöllchens wieder auf dem Kopf sein. 2002 klagte ein Autofahrer aus Brighton, weil er beobachtete, wie eine Politesse ohne Mütze ein Knöllchen an seine Windschutzscheibe heftete – und er musste das Bußgeld nicht bezahlen.

§ Außer Karotten dürfen an Sonntagen die meisten Lebensmittel nicht verkauft werden.

Dieses Gesetz galt bis zum Jahr 2000.

§ Alle englischen Männer ab 14 Jahren müssen sich ungefähr zwei Stunden pro Woche von einem Geistlichen in der Handhabung von Pfeil und Bogen unterweisen lassen.

§ Betrunkene Eigentümer einer Kuh können in Schottland verhaftet werden.

§ Es ist verboten, in Lokalen, Bars oder Restaurants betrunken zu sein.
Nirgendwo steht, wo es erlaubt ist.

§ Wenn sich in einem Haus noch weitere Personen befinden, dürfen zwei Männer nicht miteinander Sex haben.

§ Bettwäsche darf nicht aus dem Fenster gehängt werden.

§ In öffentlichen Verkehrsmitteln ist es Frauen verboten, Schokolade zu essen.

§ Minzpastete darf an Weihnachten nicht gegessen werden.

§ Ein Junge, der noch keine zehn Jahre alt ist, darf kein nacktes Mannequin sehen.

§ Man darf sein Gepäck in Großbritannien grundsätzlich nicht unbeaufsichtigt lassen, und das Mitnehmen von unbeaufsichtigtem Gepäck gilt automatisch als terroristische Handlung.

§ Wer ein Fernsehgerät benutzen möchte, muss vorher eine Erlaubnis erwerben.

§ Mitglieder des Parlaments dürfen das Parlament nicht in einer Rüstung betreten.

§ Wenn Dampflokomotiven auf der Straße fahren, muss tagsüber jemand vorausgehen und eine rote Fahne schwenken. Nachts muss eine rote Laterne zur Warnung geschwenkt werden.
Dieses englische Gesetz wurde in die Gesetzbücher mancher US-amerikanischer Bundesstaaten übernommen.

§ Alle Dampflokomotiven dürfen nicht schneller als 4 mph (Meilen pro Stunde) auf den Straßen fahren.

§ Jeder, der in der Bibliothek der britischen Stadt Widnes in Cheshire einschläft, muss zur Strafe 5 englische Pfund (rund 7,40 Euro) entrichten.

§ Bis zum Jahre 1997 war Analsex generell verboten und konnte hart bestraft werden.

§ Es ist verboten, im Westminster-Palast zu sterben. Wenn sich dies doch ereignet, muss der Leichnam vor der Ausstellung der Sterbeurkunde aus dem Gebäude entfernt werden. Grund: Da es sich um einen königlichen Palast handelt, hätte der Tote ansonsten Anspruch auf ein Staatsbegräbnis.
Na, wenn das mal kein Anlass zum Sterben ist!

§ Es ist verboten, betrunken zu reiten. Sowohl auf Pferden als auch auf Kühen.

§ Der „Outer Space Act" von 1986 verbietet jedem britischen Bürger, ohne offizielle Genehmigung Gegenstände in den Weltraum zu katapultieren. Richtern gesteht die Gesetzgebung zudem zu, Gewalt anzuordnen, um eine extra-terrestrische Invasion abzuwehren.

§ Nach dem „Town Police Clauses Act" von 1872 ist es in London verboten, Wäsche auf der Straße auszubreiten.

§ Laut „Town Police Clauses Act" ist es ebenso verboten, Teppiche auszuschlagen, anzügliche Lieder zu singen und Drachen steigen zu lassen.

§ Auf der kleinen britischen Kanalinsel Sark östlich von Guernsey ist es verboten, Grundbesitz an Töchter zu vererben. Nur Söhne sind dort erbberechtigt.
Dieses Gesetz wurde 1999 von der Regierung der von 600 Menschen bewohnten Insel aufgehoben, um einer Klage vor dem Europäischen Gerichtshof zuvorzukommen.

§ Auf der Kanalinsel Sark bleiben das Verbot der Ehescheidung und die Verbannung von Autos bis heute bestehen. Eine Ehescheidung ist nur dann möglich, wenn ein Ehepartner die Insel für mindestens ein Jahr lang verlässt. Ferner ist es Ehemännern durch die Verfassung erlaubt, ihre Ehefrauen mit einem Stock zu schlagen, wenn der Stock nicht dicker als ein Finger ist und kein Blut spritzt.

§ Den Bürgern von York ist es immer noch erlaubt, nach Sonnenuntergang und innerhalb der Stadtmauern Yorks einen Schotten mit Pfeil und Bogen zu erschießen.
Dieses Gesetz wurde zu Lebzeiten des schottischen Nationalhelden William Wallace erlassen. Man befürchtete, dass dieser eines Tages die Stadt einnehmen und plündern könnte.

§ In Cambridge ist das Tennisspiel auf den Straßen verboten.

§ 1647 wurde in England Weihnachten gesetzlich abgeschafft.

§ In Großbritannien existiert seit 1934 ein Gesetz, das das Ungeheuer von Loch Ness – lediglich für den Fall, dass es tatsächlich existiert, unter Naturschutz stellt.

§ Wer im altertümlichen Irland einen Haselstrauch oder einen Apfelbaum fällte, wurde mit dem Tode bestraft. Die Pflanzen galten als heilig.

Italien

Pferdesteuer, Zuckersteuer, Reichensteuer, Tabaksteuer, Ökosteuer, Mehrwertsteuer, Mineralölsteuer. Geht es um das Aufspüren und die Erfindung neuer steuerlicher Einnahmen, beweisen Finanzminister unglaubliche Kreativität. Dabei zeigen aber nicht nur deutsche Beamte einen ausgefallenen Ideenreichtum und Spürsinn, sondern beispielsweise auch italienische Finanzbeamte.

§ Bis 1995 existierte dort eine so genannte Kühlschranksteuer, nach der jeder, der ein oder mehrere Kühlschränke besaß, je Kühlschrank eine jährliche Abgabe von 15 Euro leisten musste.

§ Besitzen Sie in Italien ein öffentliches Lokal, egal welcher Art, müssen Sie es bis zur Sperrstunde offen lassen, müssen jeden bedienen, der reinkommt, müssen es dulden, wenn jemand sich nur aufwärmen will, auf die Toilette möchte oder sich im Lokal einfach nur aufhalten will, ohne etwas zu verzehren. Verstoßen Sie gegen diese Bestimmungen, so drohen in dem Fall, dass Sie jemanden nicht auf die Toilette gehen lassen, 50 Euro Bußgeld. Werden Sie nochmals angezeigt, weil Sie einem Passanten den Weg auf die Toilette verweigert haben, drohen 150 Euro Bußgeld. Im dritten und bei jedem weiteren Fall kann ein Richter das Lokal für mindesten zehn Tage schließen.

§ Wenn ein Gast ein Restaurant oder ein Lokal eine Minute vor der Sperrzeit betritt, hat er das Recht, noch ein Getränk zu verlangen, und der Wirt muss es servieren. Befindet sich der Gast aber noch im Lokal, wenn die Sperrzeit um eine Minute überschritten ist, droht dem Gastwirt eine Geldbuße zwischen 200 und 400 Euro.

§ Traumhaft: Verkaufen Sie ein Produkt aus Ihrem Geschäft an einen Kunden und machen einen Scontrino (Kassenzettel), geben diesen Scontrino dem Kunden, der ihn dummerweise wegwirft, weil er ihn eigentlich nicht braucht – und wird dieser nun von der Guardia di Finanza (Finanzpolizei) kontrolliert, während sich die Ware noch in seinem Besitz befindet, droht eine gewaltige Geldstrafe. Diese teilt sich wie folgt auf: Das Hundertfache des Rechnungsbetrages für das Produkt übernimmt der Kunde, das Tausendfache der Verkäufer.

§ Bis 1999 musste jeder Autofahrer jährlich den Führerschein verlängern lassen. Dafür wurde (bis 1997) eine Gebühr von 25 Euro erhoben, danach wurde der gemolkene Autofahrer mit 35 Euro zur Kasse gebeten. Wurde die Gebühr nicht rechtzeitig bezahlt, konnte die Licenza, also der Führerschein, sofort eingezogen werden.

§ Geduld, Geduld! Wer in Italien umzieht, muss sich auf dem Gemeindeamt melden. Danach wartet der Neuzugezogene etwa drei Monate auf einen Beamten der Gemeindepolizei. Dieser kontrolliert, ob man auch tatsächlich in der Wohnung wohnt. Vier Wochen später erhält man einen neuen Personalausweis. Damit muss der Neuankömmling bei der Gemeinde vorsprechen, um Gas, Wasser, Abwasser und Strom zu beantragen. Danach ziehen erneut etwa zwei Wochen ins Land und man erhält eine Bescheinigung, dass man wirklich unter der angegebenen Adresse wohnt. Mit dieser Genehmigung beantragt man ein Telefon, das schließlich nach rund acht Wochen bereitgestellt wird.

§ Hat man in Italien Land- und Immobilienbesitz, der umzäunt ist, muss man darauf achten, dass der Zaun mindestens 1,80 Meter hoch ist. Ist er niedriger und wohnt man in einem ländlichen Gebiet, wo man von Oktober bis Dezember die Jagd pflegt, darf jeder Jäger ohne Erlaubnis des Besitzers über seinen Zaun klettern und auf seinem Grundstück jagen, da jedes Hindernis unter einer Höhe von 1,80 Meter im Jagdeifer nicht auffallen könnte.

§ Als Scharlatan zu arbeiten und damit sein Geld zu verdienen, ist verboten.

§ In der Öffentlichkeit ist fluchen generell verboten.

§ Wenn ein Mann einen Rock trägt, kann er dafür verhaftet werden.

§ Jemanden mit der Faust zu schlagen, ist ein Verbrechen.

§ Hunde müssen in ganz Italien angegurtet sein, sonst ist eine Autofahrt mit Hunden verboten und wird mit einer Geldstrafe oder Anzeige bestraft.

§ Im toskanischen Siena ist es allen Frauen verboten, als Prostituierte zu arbeiten, wenn ihr Vorname Maria ist.

Litauen

§ Bis 2002 waren Frauen in Litauen gesetzlich dazu verpflichtet, sich vor der Führerscheinprüfung gynäkolo-
gisch untersuchen zu lassen, da nach Meinung litau-
ischer Mediziner bestimmte Frauenbeschwerden zu
plötzlichen Ohnmachtsanfällen führen könnten.
2002 wurde der Gesetzespassus wieder abgeschafft.

Luxemburg

§ Wer die Polizei an der Arbeit hindert, Felder mit
genetisch manipuliertem Anbau anzündet, oder ein
Gebäude boykottiert, begeht Terrorismus und muss
mit einer Haftstrafe von 10 bis 20 Jahren rechnen.

Norwegen

§ Weibliche Katzen oder Hunde dürfen nicht sterili-
siert werden. Männliche Hunde oder Katzen hingegen dürfen kastriert werden.

Russland

§ In der früheren Sowjetunion war es gesetzlich verboten, in einem schmutzigen Auto zu fahren.

§ Einem alten russischen Gesetz zufolge muss ein Zug
anhalten, wenn sich entlang der Trasse ein schlafen-
der Mensch befindet und solange warten, bis dieser
sein Nickerchen beendet hat.

§ Das russische Parlament verabschiedete 2000 ein
Gesetz, das Haustierbesitzern verbietet, ihre Lieb-
linge zu essen.

§ In Russland ist es seit 1993 nicht mehr erlaubt, Bienen und Wespen zu töten – außer in Notwehr.

Schweiz

§ Alle Bewohner des Dorfes Finsterhennen im Schweizer Kanton Bern sind dazu verpflichtet, Maikäfer zu jagen und zu töten. Die toten Käfer dürfen nicht in Gewässer oder Jauchegruben gekippt werden. *Dieses Gemeindegesetz wurde 2001 aufgehoben.*

§ In der Schweiz herrscht an hohen Feiertagen, wie Weihnachten, Ostern oder am Buß- und Bettag ein Tanzverbot. Das Tanzverbot an den jeweiligen Vorabenden wurde unterdessen aufgehoben.

§ Am Zürichsee ist es verboten, einen gefangenen Barsch, dessen Größe über dem Mindestmaß liegt, wieder ins Wasser zu werfen.

§ In der Schweiz ist es gesetzlich verboten, eine Autotür zuzuknallen.

§ Die Schweizer Armee war viele Jahre lang auf ihren Brieftaubendienst stolz. Dabei wurden die Brieftauben wie folgt definiert:
„Selbstreproduzierende Kleinflugkörper auf biologischer Basis mit fest programmierter automatischer Rückkehr aus beliebigen Richtungen und Distanzen". Dieser Brieftaubendienst unterstand dem Schweizerischen „Bundesamt für Übermittlungstruppen" bis 1995 und wurde danach aufgelöst.

Türkei

§ In der Türkei ist es den Frauen gesetzlich verboten, Hosen am Arbeitsplatz zu tragen.

Ungarn

§ Beim Sex muss das Licht gelöscht werden.

Der Streithansel
und die Gesetze

An verrückten Gesetzen und Verordnungen tragen jedoch nicht nur regelungswütige Beamte und Bürokraten jeder Couleur Schuld, sondern auch die Bürger – also Sie und Ich. Pardon, aber was denken Sie denn, warum zwei Drittel der Weltsteuerrechtsliteratur in deutschen Amtsstuben ersonnen worden sind? Natürlich, es ist schon richtig, dass im ordnungsliebenden Deutschland am besten jeder Atemzug und Wimpernschlag in Gesetze und Verordnungen gegossen werden will, damit auch ja alles seine Ordnung hat!

Unseren Anteil an der Flut blödsinniger Erlasse und Regelungen tragen jedoch auch wir Bürger bei, da wir häufig nicht einsehen wollen, dass ein Gesetz eben gerade auch auf unseren „doch so anderen und nur individuell beurteilbaren Einzelfall" zutreffen soll. Und da wir in einer demokratischen Staatsform leben, wird versucht, möglichst vielen Anliegen gerecht zu werden. Darüber hinaus neigt der Gesetzgeber, der in unseren Landen in der Regel aus Abgeordneten der Parlamente und deren parteipolitischen Mitarbeitern besteht, auch dazu, wieder gewählt werden zu wollen, was nicht selten dazu führt, dass er es möglichst allen Recht machen will.

Aber da ist noch etwas: Wir Deutschen haben zweifelsohne einen Hang zum Streiten, zum Prozessieren und zur Rechthaberei. Und diese Kultur pflegen wir häufig vor Gericht, das darauf nicht nur mit Verfahren und Prozessen reagiert, um Recht zu sprechen, sondern diese Fälle auch kommentiert und dadurch neue rechtliche Tatbestände schafft, die wiederum in neuen Gesetzen und Verordnungen fixiert werden müssen.

Denken Sie nur an das Beispiel des so genannten „Wegerechts". Dieses Recht bezeichnet im großen

juristischen Themenkomplex des „Sachenrechts"
das Recht, einen Weg über ein fremdes Grundstück
zum Zweck des Durchgangs und/oder der Durchfahrt zu nutzen. Dieses Recht lässt sich auf drei verschiedene Arten begründen:

1. Durch eine privatrechtliche Vereinbarung, also
einen Vertrag,
2. durch die Bestellung einer so genannten „Grunddienstbarkeit",
3. durch eine Erklärung gegenüber der Bauaufsichts-
behörde in Form einer „Baulast".
Im ersten Fall erlischt das Wegerecht, wenn einer
der Grundstückseigentümer wechselt, da es sich
lediglich um eine privatrechtliche Vereinbarung handelt. Im zweiten Fall ist die Bestellung einer Grunddienstbarkeit jedoch ein „dingliches Recht" und
lastet auf dem Grundstück. Auch spätere Eigentümer müssen dieses Recht respektieren, weil es mit
bindender Wirkung im Grundbuch eingetragen wird.
In der Regel wird eine solche Grunddienstbarkeit
verfügt, weil die Rechtsbeziehungen zweier Nachbarn gestaltet werden müssen, die sich über ein
Wege-, Überfahrts- oder Leitungsrecht (für Wasser,
Abwasser, Strom usw.) einigen müssen. Im Falle des
Wegerechts geht es meistens darum, dass ein Nach-
bar sein eigenes Grundstück nur über die Zufahrt
des anliegenden Grundstücks erreichen kann. Dann
muss man sich über die Art der Zubringung sowie
über die Höhe einer Nutzungsentschädigung einigen.
Notfalls muss hierzu ein Gutachter beauftragt
werden. Im dritten Fall schließlich wird über eine
Baulast eine öffentlich-rechtliche Verpflichtung
eines Grundstückseigentümers gegenüber der Bau-
behörde ausgesprochen,
die ebenfalls regelt, wer, wann, warum und wie
und über das benachbarte Grundstück zu seinem
eigenen gelangen kann.

Das hört sich alles doch sehr vernünftig an. Ja, eigentlich schon – aber Vernunft und Verstand haben mit der täglichen Praxis an deutschen Gerichten herzlich wenig zu tun. Denn heftige Streitigkeiten unter Nachbarn sind keine Seltenheit und so dokumentieren die Gerichte, dass allein die Fälle, bei denen sich Nachbarn über das Wegerecht in den Haaren liegen, in den vergangenen zwei Jahrzehnten um gut 250 Prozent gestiegen sind!

Da gibt es Fälle, wo das Wegerecht zwischen zwei Grundstückseigentümern jahrzehntelang ohne Problem funktioniert hat. Plötzlich jedoch wird das Grundstück an einen Außenstehenden verkauft und der ärgert sich darüber, dass er dem Nachbarn die freie Fahrt über sein Grundstück gewähren muss. Jetzt werden große Blumenkübel in den Weg geräumt, heimlich nachts Pflastersteine entfernt, um den Weg unbefahrbar zu machen, Nägel einzementiert, um die Reifen des verhassten Nutznießers aufzuschlitzen oder Bäume angesägt, die der nächste

Sturm auf die Durchfahrt werfen soll. Wer sich den Spaß machen will, zu erkunden, wie einfallsreich deutsche Grundstückseigentümer sein können, um das Wegerecht ihrer Nachbarn zu durchkreuzen, kann etliche Gerichtsurteile studieren, die zu immer neuen spannenden rechtlichen Definitionen, Zusatzverordnungen und Erlassen eines an sich einfachen Rechts führen.

Ja, die Medaille hat stets zwei Seiten. Auch auf diesem Weg entstehen verrückte Gesetze und Verordnungen!

Schlusswort

Gesetze sind der Spiegel einer Gesellschaft. Wenn dieser Satz, der so lapidar und eindringlich daherkommt, richtig ist, dann bestätigt er den Ordnungsfanatismus und die Regelungswut der Deutschen, die Liebe Englands zu seinen altehrwürdigen Traditionen und die puritanische Verklemmtheit Amerikas. Ja, da könnte schon etwas dran sein, zumal wir unserer kleinen Sammlung verrückter Gesetze und Verordnungen kaum ein lohnenswertes Stück aus Frankreich einverleiben konnten. Wie heißt es dort über das eigentliche Wesen der menschlichen Existenz? „Savoir vivre" – das Wissen um die Kunst zu leben, steht im Zentrum der französischen Philosophie. Benötigt Frankreich deshalb so wenige Gesetze und finden sich aus diesem Grund so wenige verrückte Verordnungen?

Insofern wäre die Grand Nation die vernünftigste unter den rechtsbildenden und Recht sprechenden Staaten dieser Erde. Amerika hingegen, das Land, das täglich die Demokratie und die freie Wirtschaftsordnung in alle Himmelsrichtungen verbreitet, wäre ein Staat, der seinen Bürgern genauestens vorschreiben müsste, was sie zu tun und lassen, zu denken und nicht zu denken hätten.

Wahrscheinlich ist alles halb so schlimm. Wahrscheinlich rührt unser merkwürdiger Eindruck von der US-amerikanischen Gesetzgebung nur von fehlerhaften Übersetzungsleistungen an sich durchaus sinnvoller Vorschriften her. Könnte es deshalb nicht sein, dass wir „gesunden Menschenverstand" mit geistiger Verwirrung verwechseln?